LA PSICOTERAPIA AL ALCANCE DE TODOS

VIKTOR E. FRANKL

LA PSICOTERAPIA
AL ALCANCE
DE TODOS

*Conferencias radiofónicas sobre
terapéutica psíquica*

Herder

Título original: Psychotherapie für den Laien
Traducción: Diorki
Diseño de la cubierta: Gabriel Nunes

© 1980, Verlag Herder GmbH, Friburgo de Brisgovia
© 2003, Herder Editorial, S.L., Barcelona

1ª edición, 3ª impresión, 2018
ISBN: 978-84-254-1291-2

La reproducción total o parcial de esta obra sin el consentimiento expreso de los titulares del *Copyright* está prohibida al amparo de la legislación vigente.

Imprenta: Reinbook
Depósito legal: B-25.753-2010
Printed in Spain - Impreso en España

Herder
www.herdereditorial.com

ÍNDICE

Presentación 9
Prólogo 11

Introducción: El hombre en busca de sentido 13
I. La problemática de la divulgación de temas psiquiátricos 26
II. El psicoanálisis y la psicología individual 32
III. La actitud fatalista 38
IV. La existencia provisional 45
V. La masa y el dirigente 50
VI. La higiene psíquica de la vejez 57
VII. La higiene psíquica de la madurez 62
VIII. La hipnosis 67
IX. La ansiedad y la neurosis de ansiedad 74
X. El insomnio 80
XI. La hipocondría y la histeria 86
XII. Algunas consideraciones en torno al amor 92
XIII. La neurosis de ansiedad y la neurosis obsesiva 98
XIV. El narcoanálisis y la psicocirugía 104
XV. La melancolía 110
XVI. La esquizofrenia 116
XVII. La angustia del hombre ante sí mismo 121
XVIII. La enfermedad de los dirigentes 126
XIX. ¿Eutanasia o asesinato en masa? 131
XX. El poder de obstinación del espíritu 138
XXI. El problema cuerpo-psique desde el punto de vista clínico . . . 144
XXII. El espiritismo 150
XXIII. ¿Qué opina el psiquiatra sobre el arte moderno? 156

XXIV.	El médico y el sufrimiento	162
XXV.	¿Es el hombre un producto de la herencia y del medio ambiente? .	168
XXVI.	¿Se puede medir y pesar el alma?	174
	Epílogo: El libro como medio terapéutico	180

PRESENTACIÓN

La psicoterapia al alcance de todos es una recopilación y ampliación de conferencias radiofónicas de los últimos veinte años, cuya repercusión en los oyentes ha sido tan grande que la mayoría de ellas han tenido que ser repetidas, hallando de nuevo el mismo eco. El presente libro nos ofrece, junto con el lenguaje de un ameno discurso, dos cosas diferentes: por un lado, una exposición de cuestiones psiquiátricas y psicoterapéuticas fundamentales, comprensible para todos y consciente de todos los problemas que lleva consigo tal empresa, sin hacer hincapié en la orientación de ninguna escuela; por otro lado –algo único en la literatura psiquiátrica de nuestro tiempo–, una «psicoterapia ante el micrófono». Lo que se puede leer en estas páginas es un poco de higiene psíquica práctica. Estamos agradecidos a Viktor Frankl porque se ha mostrado dispuesto a dar su consentimiento a la edición del presente libro, y porque ha aceptado la responsabilidad de escandalizar a algún que otro crítico a causa de algunas formulaciones, propias de la oración viva, en cierto modo despreocupadas y que no desdeñan lo anecdótico. Yo creo, sin embargo, que Frankl ha demostrado que se pueden hacer comprensibles ciertas cuestiones difíciles, sin ser por ello superficial ni favorecer los errores propios de una popularización desacertada.

Las conferencias más interesantes son, sin duda, las que sólo intentan y ayudan a poner en práctica ciertos aspectos de la psicoterapia, sobre todo de las neurosis colectivas. Ahora se hace a través de la palabra escrita; antes a través de las emisoras de radio. Nadie conoce mejor que el propio autor las dificultades –que surgen también con los medios ahora utilizados–, de este intento de dar una orientación extrapersonal a la eliminación de los trastornos neuróticos. Le han animado sin embargo las numerosas manifestaciones de los pacientes que, en su búsqueda de un sentido existencial perdido o nunca alcanzado debido a una neurosis noógena, han encontrado apoyo y ayuda en una determinada frase de lo que escuchaban; incluso, en algunos casos, se les ha hecho olvidar la idea del suicidio.

De este modo, el hombre en busca de sentido –éste es el título de la primera conferencia– puede, en mi opinión, sentir que no tiene por qué permanecer solo e incomprendido, y que la psicohigiene puede ser algo más que una reflexión teórica sobre lo que se puede hacer para acercarse a las personas necesitadas.

HANS JÖRG WEITBRECHT (Bonn)

PRÓLOGO

Desde 1951 hasta 1955 fui invitado todos los meses por la sección científica de la emisora vienesa Rot-Weiss-Rot para pronunciar conferencias sobre distintos temas psicoterapéuticos. Cuando se editaron las siete primeras conferencias radiofónicas, decidí publicar también una selección de las conferencias posteriores, sin excluir las ya publicadas, que aparecerían de forma ampliada y comentada. Me llevó a esta decisión el eco que habían tenido las conferencias, que se reflejaba en las numerosas cartas de los oyentes. Creí que era mi deber permitirles que leyeran lo que había expuesto a través de la radio. Al tiempo esperaba aumentar la repercusión de las conferencias. El efecto que buscaba era psicohigiénico, pues lo que yo pretendía no era tanto hablar de psicoterapia como practicar una psicoterapia ante el micrófono, una psicoterapia colectiva, apropiada para luchar contra la neurosis colectiva y para ello había de servirme la radio.

Cada conferencia constituye una unidad independiente. Se dan por ello coincidencias y repeticiones inevitables, siendo estas últimas no del todo indeseables, ya que pueden resultar útiles desde el punto de vista didáctico. En lo concerniente a su estilo, hay que decir que se ha conservado el lenguaje con que fueron pronunciadas, con el riesgo de que este lenguaje les parezca a algunas personas demasiado descuidado. Como es sabido, un discurso no es un escrito; no se puede comparar, por tanto, una conferencia radiofónica dirigida a todo el público con una disertación científica.

VIKTOR E. FRANKL

INTRODUCCIÓN

EL HOMBRE EN BUSCA DE SENTIDO[1]

Este título esboza algo más que un tema: encierra una definición o, al menos, una interpretación del hombre: el hombre como un ser que en último término y propiamente está buscando un sentido. El hombre está siempre orientado hacia algo que él mismo no es, bien un sentido que realiza, bien otro ser humano con el que se encuentra; el hecho mismo de ser hombre va más allá de uno mismo, y esta trascendencia constituye la esencia de la existencia humana.

¿No es cierto que el hombre busca propia y originalmente ser feliz? ¿No manifestó esto el mismo Kant, añadiendo sólo que el hombre debía buscar también ser *digno* de la felicidad? Yo diría que lo que el hombre quiere realmente no es, al fin y al cabo, la felicidad en sí, sino un *motivo* para ser feliz. En cuanto lo encuentra, la felicidad y el placer surgen por sí mismos. Kant escribe en la segunda parte de su obra *Metafísica de las costumbres,* titulada «Principios metafísicos del tratado de las virtudes» (Königsberg, Friedrich Nicolovius, 1797, pág. VIIIss), que «la felicidad es la consecuencia del cumplimiento de la obligación» y que «la ley debe preceder al placer para que éste sea experimentado». Y lo que aquí se dice en relación con el cumplimiento del deber y la ley es, a mi entender, muy generalizable y se puede trasladar del ámbito de la moralidad al de la sensualidad. Los neurólogos lo sabemos por experiencia, pues la vida clínica cotidiana demuestra que es precisamente la falta de un «motivo para ser feliz» lo que impide ser felices a las personas que padecen una neurosis sexual –al hombre con trastornos de potencia o a la mujer frígida–. Pero, ¿a qué se debe este desvío patológico del «motivo para ser feliz»? A un interés forzado hacia la felicidad misma, hacia el placer mismo. Qué razón tenía Kierkegaard cuando decía que la puerta de la felicidad se abre hacia afuera, y a quien intenta «derribarla» se le cierra con llave.

¿Cómo podemos explicarnos esto? Lo que penetra profundamente y en definitiva al hombre no es ni el deseo de poder ni el deseo de placer, sino el deseo de sentido. Y precisamente a causa de este deseo, el hombre aspira a encontrar y realizar un sentido, pero también encontrarse con otro ser humano en la forma de un tú, y amarlo. Ambos hechos, realización y encuentro, dan al hombre un *fundamento* de felicidad y placer. En el neurótico, sin embargo, esta aspiración primaria se desvía hacia una búsqueda *directa* de la felicidad, hacia un deseo de placer. En lugar de que el placer sea lo que debe ser –si es que debe darse realmente–, es decir, un efecto (el efecto secundario de un sentido realizado o el del encuentro con otro ser), se convierte en el objetivo de una intención forzada, de una hiperintención, que va acompañada de una hiperreflexión. El placer se convierte en el único contenido y objeto de la atención. En la medida en que la persona neurótica se preocupa por el placer, pierde de vista el *fundamento* de éste, y el efecto «placer» ya no puede tener lugar. Cuanto más se preocupa uno por el placer, más lo pierde.

Es fácil calcular cuánto se refuerzan la hiperintención y la hiperreflexión, así como su nociva influencia sobre la

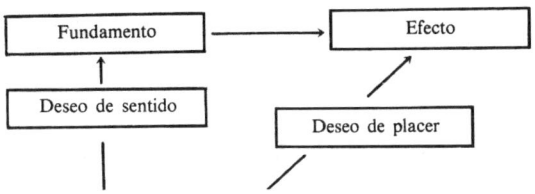

potencia y el orgasmo, cuando la persona cuyo deseo de placer está destinado a fracasar, intenta salvar lo que puede buscando refugio en un perfeccionamiento técnico del acto sexual. «El matrimonio perfecto» roba lo que le quedaba de esa espontaneidad en cuyo suelo florece la felicidad del amor. A la vista de la obsesión de consumación sexual de hoy, el joven se ve impulsado de tal forma a la hiperreflexión, que no debe extrañarnos que el porcentaje de neurosis sexuales aumente entre los enfermos de nuestras clínicas.

El hombre de hoy tiende, de todas maneras, a la hiperreflexión. La profesora Edith Joelson, de la Universidad de Georgia, ha comprobado que entre los estudiantes americanos, la comprensión de sí mismo (self-interpretation) y la realización de sí mismo (self-actualization), se encuentran en el lugar superior de una jerarquía de valores en una medida estadística bastante significativa. Está claro que se trata de una comprensión de sí mismo influida por un psicologismo analítico y dinámico, que lleva a los americanos intelectuales a suponer de continuo que detrás de la conducta consciente se encuentran unos móviles inconscientes. Pero en lo relativo a la realización de sí mismo, me atrevo a afirmar que el hombre sólo está en condiciones de realizarse en la medida en que realiza un sentido. El imperativo de Píndaro, según el cual el hombre debe ser lo que ya es, precisa de una ampliación, que yo creo encontrar en las palabras de Jaspers: «Lo que el hombre es, lo es a través de lo que hace suyo.»

Al igual que el bumerang, que vuelve al cazador que lo ha lanzado sólo cuando ha errado el blanco –esto es, la presa–, sólo busca la realización de sí mismo el hombre que ha fracasado una vez en su intento de realizar un sentido, y quizás ni siquiera está en condiciones de encontrar el sentido que importaba realizar.

Analógicamente puede decirse lo mismo del deseo de placer y del deseo de poder. Pero mientras que el placer es un efecto secundario de la realización de un sentido, el poder es un medio para conseguir un fin por cuanto que el realizar un sentido está ligado a unas determinadas condiciones sociales y económicas. Pero, ¿cuándo *piensa* el hombre en el simple efecto secundario del «placer», y cuándo se *limita* al simple medio para conseguir un fin que es el poder? Pues bien, llega a desarrollar un deseo de placer o de poder cuando está frustrado su deseo de encontrar un sentido. En otras palabras, el principio del placer, no menos que el afán de figurar, es una motivación neurótica.

Se puede entender, así, que Freud y Adler, que realizaron sus ensayos en personas neuróticas, no pudieran apreciar la orientación primaria del hombre hacia un sentido.

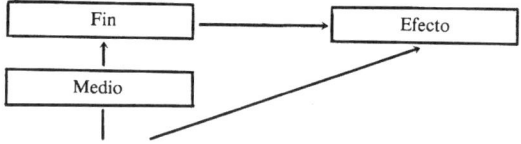

Pero en la actualidad no vivimos ya, como en los tiempos de Freud, en una época de frustración sexual. En nuestros tiempos se vive una frustración existencial. Y lo está sobre todo el joven cuyo deseo de sentido se ve frustrado. Becky Leet, directora de un periódico publicado por los estudiantes de la Universidad de Georgia, pregunta: «¿Qué dice la joven generación actual, Freud o Adler? Tenemos la píldora, que libera de las consecuencias del acto sexual: hoy no existe ya motivo médico alguno para estar reprimido sexualmente. Y tenemos poder: basta con que echemos un vistazo sobre los políticos americanos, que tiemblan ante la joven generación, y sobre la guardia roja de China. Pero Frankl mantiene que la gente de hoy sufre un vacío existencial y que éste se manifiesta sobre todo a través del aburrimiento. Aburrimiento, esto suena muy distinto, nos es más familiar, ¿no es verdad? ¿O conocen a alguien que no se queje de aburrimiento –a pesar de que sólo tienen que estirar el brazo para poseerlo todo– incluso del sexo de Freud y del poder de Adler?»

De hecho, hoy cada vez son más los pacientes que sienten un vacío interior –lo que he descrito como «vacío existencial»–; que sienten una profunda falta de sentido de su existencia. Y sería erróneo suponer que se trata de un fenómeno limitado al mundo occidental. Dos psiquiatras checoslovacos, Stanislav Kratochvil y Osvald Vymetal, destacan en una serie de publicaciones el hecho de que «esta enfermedad de hoy, la pérdida de un sentido existencial, sobre todo en la juventud, traspasa «sin pasaporte» las fronteras de los sistemas sociales capitalista y socialista». Osvald Vymetal fue quien con ocasión de un congreso checoslovaco de neurólogos, se declaró *ex praesidio* partidario de Pawlow, y sin embargo manifestó que, a la vista del vacio existencial, al psiquiatra no le basta una psicoterapia que siga las orientaciones de este científico. Y la advertencia de que este fenómeno se aprecia ya en los países subdesarrollados se la debemos a L. L. Klitzke (*Students in Emerging África – Logotherapy in Tanzania*, «American Journal of Humanistic Psychology» 9, 105, 1969) y a Joseph L. Philbrick (*A Cross-Cultural Study of Frankl's Theory of Meaning-in-life*).

Y sucede precisamente así, tal como lo previó en 1947 Paul Polak, cuando en una conferencia, en la asociación de psicología individual, sostenía que «la solución de la cuestión social resolvería la problemática espiritual, la movilizaría; el hombre sería entonces libre para abordarse a sí mismo, y reconocería en sí mismo lo problemático, su propia problemática existencial». Ernst Bloch se expresa también en este mismo sentido al decir: «los hombres reciben como regalo los cuidados que de otro modo sólo se plantean a la hora de morir.»

Si tratamos brevemente de investigar las causas que pueden provocar el vacío existencial, éstas se pueden reducir a dos: la pérdida del instinto y la pérdida de la tradición. En contraposición a los animales, al hombre no le dictan los instintos lo que *tiene que* hacer; y al hombre de hoy ya no le dice la tradición lo que *debe* hacer; y a menudo parece que no sabe lo que realmente *quiere*. Por tanto, sólo busca o querer únicamente lo que los demás hacen, o hacer sólo lo que los demás quieren. En el primer caso nos encontramos ante el conformismo; en el segundo, ante el totalitarismo. Uno se extiende en el hemisferio occidental, el otro en el oriental.

Pero las consecuencias del vacío existencial no son sólo el conformismo y el totalitarismo, sino también el neuroticismo. Junto a las neurosis psicógenas, es decir, las neurosis en el sentido estricto de la palabra, existen también las neurosis noógenas, tal como yo las denomino, es decir, neurosis en las que se trata menos de una enfermedad mental, que de una pobreza espiritual, a menudo como consecuencia de una profunda sensación de falta de sentido. En un centro de investigación psiquiátrica de los Estados Unidos se han desarrollado unos tests que permiten realizar un diagnóstico diferencial de las neurosis noógenas. James C. Crumbaugh ha utilizado los PIL-Tests (PIL = Purpose in Life) en 1.200 casos. Después de analizar con ayuda del computador los datos obtenidos, llegó a la conclusión de que las neurosis noógenas constituyen un nuevo síndrome que se sale del marco de la psiquiatría tradicional desde el punto de vista no sólo diagnóstico, sino también terapéutico. Los resultados de distintos estudios estadísticos realizados en Connecticut, Massachusetts, Londres, Tubinga, Würzburg, Polonia y Viena coinciden en estimar en un 20 % aproximadamente las neurosis noógenas.

Al hablar de su difusión (no de las neurosis noógenas, sino del vacío existencial), resulta interesante mencionar una comprobación estadística que yo mismo realicé ya hace muchos años entre los asistentes a mis clases en la facultad de medicina de la Universidad de Viena. El resultado fue que más de un 40 % admitían conocer la sensación de falta de sentido por propia experiencia; entre los alumnos americanos no era un 40, sino un 81 %.

¿A qué se debe esta diferencia? Al reduccionismo, que en los países anglosajones domina la vida espiritual más que en cualquier otro lugar. Este reduccionismo se caracteriza por la expresión «nada más que». Como es natural, también se da aquí entre nosotros, y no sólo hoy. Hace más de cincuenta años que mi profesor de enseñanza media iba de un lado para otro en su clase de historia natural y decía: «La vida no es al fin y al cabo nada más que un proceso de combustión, de oxidación.» Yo, sin pedir la palabra, salté impetuosamente y le pregunté: «¿Qué sentido tiene entonces la vida?» En este caso concreto, el reduccionismo se oculta tras un «oxidacionismo»...

Tenemos que pensar en qué significa para un joven que se le explique cínicamente que los valores son «nothing but defense mechanisms and reaction formations» (nada más que mecanismos de defensa y formas de reacción), tal como aparece en el American Journal of Psychotherapy. Mi propia reacción ante esta teoría de las formas de reacción fue la siguiente: en lo que a mí concierne, nunca estaría dispuesto a vivir a causa de mis formas de reacción o a morir por mis mecanismos de defensa.

No desearía que se me malinterpretara. En «The Modes and Morals of Psychotherapy» se nos ofrece la siguiente definición: *Man is nothing but a biochemical mechanism, powered by a combustion system, which energizes computers.* Como neurólogo sostengo que es totalmente legítimo considerar al computador como un modelo del sistema nervioso central. El fallo se encuentra en «nothing but», en la afirmación de que el hombre *no es nada más* que un computador. En efecto, lo es, pero al mismo tiempo es mucho más que eso. Es cierto que las obras de Kant y de Goethe se componen, al fin y al cabo, de las mismas veintiséis letras del alfabeto que los libros de Courths-Mahler y Marlitt. Pero esto no es lo importante. No se puede decir que la «Crítica de la razón pura» sea, como «Das Geheimnis der alten Mamsell», un simple amasijo de las mismas veintiséis letras, a menos que tengamos una imprenta y no una editorial...

Dentro de su propio marco, el reduccionismo tiene razón. Pero sólo dentro de él. Y el pensamiento unidimensional es precisamente su perdición. Le priva sobre todo de la posibilidad de encontrar un sentido. El hecho de que el sentido de una estructura supere a los elementos de que ésta se compone, significa al fin y al cabo que dicho sentido se encuentra en una dimensión superior a la de los elementos. De este modo, puede suceder que el sentido de una serie de acontecimientos no se encuentre en la misma dimensión en que tienen lugar los acontecimientos. Éstos echan en falta, entonces, una relación. Supongamos que se trata de mutaciones; serían simples casualidades, y toda la evolución nada más que una casualidad. Es el caso, precisamente, del plano secante. Una curva senoidal que esté cortada por un plano perpendicular al suyo, no deja en el plano secante nada más que cinco puntos aislados, que no permiten ver relación alguna. En otras palabras, lo que se pierde es la visión de conjunto, la consideración del sentido superior o inferior de los acontecimientos, las partes de la curva senoidal que sobresalen por encima o por debajo del plano secante.

Pero volvamos al sentimiento de falta de sentido: el sentido no se puede dar. El dar un sentido escaparía a lo moralizador. Y *la moral, en el sentido que se le daba antiguamente a esta palabra,* pronto habrá acabado su papel. Tarde o temprano dejaremos ya de moralizar y consideraremos la moral desde un punto de vista ontológico: lo bueno y lo malo no se definirán en el sentido de algo que debemos o no debemos hacer, sino que nos parecerá bueno lo que nos ayuda a realizar el sentido que buscamos en las cosas existentes, y consideraremos como malo aquello que nos lo impide.

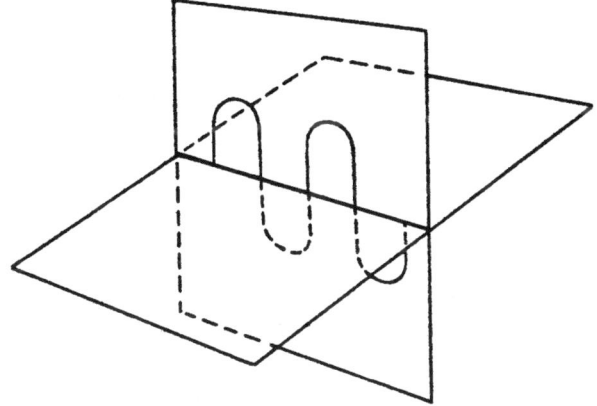

El sentido no se puede dar, sino que se debe encontrar. A una tabla de Rorschach se le da un sentido, una interpretación a través de cuya subjetividad se «desenmascara» el probando que realiza un test (proyectivo) de Rorschach; pero en la vida no se trata de dar un sentido, sino de encontrarlo. La vida no es un test de Rorschach, sino un enigma. Y lo que yo denomino deseo de sentido va más allá de la concepción de una forma (James C. Crumbaugh y Leonhard T. Maholick, *The Case of Frankl's Will to Meaning,* «Journal of Existential Psychiatry» 4, 42, 1963). El propio Wertheimer sostiene lo mismo cuando habla de un carácter exigente que está latente en toda situación, del carácter objetivo de tal exigencia.

El sentido se debe encontrar, pero no se puede dar. Lo que se puede producir es un sentido subjetivo, una simple sensación de sentido, o algo absurdo. Resulta así comprensible que el hombre que ya no está en condiciones de encontrar un sentido a su vida, ni tampoco de crearlo, al huir de la sensación de falta de sentido cree o bien algo absurdo o bien un sentido subjetivo. Mientras que lo primero tiene lugar en el escenario de un teatro absurdo, lo último se produce en el estado de éxtasis, sobre todo en el provocado por el LSD. Y en este estado se corre también el peligro de no vivir el sentido auténtico, la realidad del mundo exterior (en contraposición a las simples vivencias subjetivas de sentido). Esto me recuerda siempre a aquellos animales de ensayo a los que unos investigadores californianos colocaron electrodos en el hipotálamo. Al conectarse la corriente, sentían satisfechos sus instintos sexual y de alimentación; al final, aprendieron a establecer la conexión ellos mismos, lo que les hacía ignorar al compañero sexual y la comida que se les ofrecía.

El sentido no sólo se tiene que encontrar, sino que también se puede encontrar, y la conciencia guía a los hombres en su búsqueda. En una palabra, la conciencia es un órgano del sentido. Podría ser definida como la capacidad de descubrir el sentido único y particular que está latente en toda situación.

Pero esta conciencia puede engañar también al hombre. Hasta el último instante, hasta el último aliento, el hombre no sabe si ha encontrado realmente el sentido de su vida o si sólo se ha confundido: ignoramus et ignorabimus. El hecho de que ni a la hora de morir sepamos si el órgano del sentido, la conciencia, estaba equivocada, significa que la conciencia de los demás puede tener razón. Pero tolerancia no significa indiferencia, pues respetar la opinión de los demás no es identificarse con ella.

Vivimos en una época en la que está muy extendida la sensación de falta de sentido. En nuestro tiempo, la educación tiene que preocuparse no sólo de proporcionar unos conocimientos, sino por afinar la conciencia, de forma que el hombre tenga un oído lo suficientemente fino como para escuchar la exigencia latente en cada situación. En una época en la que los Diez Mandamientos parecen haber perdido para muchos su validez, el hombre debe ser capaz de percibir los diez mil mandamientos que están ocultos en las diez mil situaciones con que le enfrenta la vida. Con ello, no sólo le parecerá que su vida está más llena de sentido, sino que también estará inmunizado contra el conformismo y el totalitarismo, las dos consecuencias del vacío existencial; pues una conciencia despierta le hará resistente, de forma que no se rendirá ante ninguna de estas dos actitudes.

Sea como fuere, la educación de hoy es más que nunca una educación para la responsabilidad. Y ser responsable significa ser selectivo, ser escrupuloso. Vivimos en una *affluent society*, nos desbordan los estímulos de los medios de comunicación social y estamos en la época de la píldora. Si no queremos hundirnos en la marea de todos estos estímulos, en una total promiscuidad, tenemos que aprender a distinguir lo que es importante y lo que no lo es, lo que tiene sentido y lo que no lo tiene, de lo que se puede uno responsabilizar y de lo que no.

Señoras y señores: no les hablo como filósofo, o al menos no *sólo* como filósofo, sino como psiquiatra. Ningún psiquiatra, ningún psicoterapeuta –ningún logoterapeuta– puede decirle a un enfermo lo que es el sentido, pero sí puede decirle que la vida tiene un sentido e incluso que conserva ese sentido en todas las condiciones y circunstancias, gracias a la posibilidad de encontrar un sentido incluso en el sufrimiento, de transformar el sufrimiento en el plano humano en algo positivo; puede dar testimonio de lo que es capaz el hombre, incluso en el fracaso. O, con otras palabras, con las palabras que Lou Salomé escribía a Sigmund Freud cuando éste «no lograba resignarse a una existencia a revocar»: se trata de que «la manera como uno nos compadece, se convierta para nosotros en signo de lo que uno es capaz.»

De hecho, el logoterapeuta no actúa de forma moralista, sino fenomenológica. Nosotros no emitimos juicios de valor sobre cualquier hecho, sino que hacemos comprobaciones sobre el valor que el hombre modesto y sencillo da a las cosas; él es quien sabe cómo encontrar el sentido a la vida, al trabajo, al amor, y, *last but not least,* al sufrimiento llevado con valentía. Y si, tal como afirma Paul Polak, la logoterapia teórica traduce al lenguaje científico la idea que el hombre modesto y sencillo tiene de sí mismo, se puede decir que en la práctica debe volver a traducir al lenguaje cotidiano del hombre sus conocimientos sobre las mencionadas posibilidades de encontrar un sentido a la vida. Es decir, la fenomenología traduce este conocimiento básico al lenguaje científico, y la logoterapia vuelve a traducir lo así aprendido al lenguaje del hombre de la calle. Y esto es perfectamente posible.

El profesor Farnsworth, de la Universidad de Harvard, pronunció en cierta ocasión una conferencia en la American Medical Association, en la que sostenía: *Medicine is now* *confronted with the task of enlarging its function. In a period of crisis such as we are now experiencing, physicians must of necessity indulge in philosophy. The great sickness of our age is aimlessness, boredom, lack of meaning and purpose**. A los médicos también se les plantean actualmente cuestiones que no son de naturaleza médica, sino filosófica, y para las cuales apenas están preparados. Numerosos pacientes se dirigen al psiquiatra porque dudan del sentido de su vida o porque no creen poder encontrar un sentido a su existencia. Se podría seguir entonces un consejo de Kant: aplicar la filosofía como medicina. Si se la rechaza con horror, surge la sospecha de que proviene del miedo de enfrentarse con el propio vacío existencial.

En realidad, se puede ser también médico sin ocuparse de tales cuestiones; pero entonces sucede lo que Paul Dubois afirmaba con relación a ese caso: que el médico se diferencia del veterinario sólo en una cosa: en la clientela.

---

* La medicina se enfrenta hoy con la tarea de ampliar su función. En un período de crisis como el que experimentamos actualmente, los médicos deben cultivar la filosofía. La gran enfermedad de nuestro tiempo es la carencia de objetivos, el aburrimiento, la falta de sentido y de propósito.

I

LA PROBLEMÁTICA DE LA DIVULGACIÓN DE TEMAS PSIQUIÁTRICOS

...coacervat nec scit quis percipiat ea.

En un informe sobre un viaje de estudios a los Estados Unidos de América, escribía el psiquiatra profesor Villinger, de Marburgo, que la tendencia allí reinante hacia la popularización y la propagación de los resultados de las investigaciones científicas era para unos una ventaja, pero para otros, un defecto. Yo querría hacer una propuesta intermedia: la divulgación puede que sea una ventaja, pero la tendencia a la popularización la considero un defecto. Mientras que la divulgación de los conocimientos psicohigiénicos o psicoterapéuticos penetra de forma efectiva en la gente y resulta útil, no se puede negar que la popularización de la psicoterapia no es siempre tal psicoterapia, por lo que no tiene en todos los casos un efecto psicoterapéutico. Antes de pasar a desarrollar este tema, desearía citar, en relación con la divulgación científica en general, a alguien cuyo método científico está tan por encima de cualquier duda como lo está su récord en cuanto a número de intentos de popularizar su teoría. Me refiero a Albert Einstein, y en especial a unas palabras suyas, según las cuales el científico sólo puede elegir entre escribir de una forma comprensible y superficial o de una forma profunda e incomprensible[1].

Volviendo al tema concreto de la divulgación de temas psicoterapéuticos, hay que decir que la incomprensibilidad no es el mayor peligro que amenaza a los intentos de popularización; es mayor el peligro de las interpretaciones equivocadas. Así, por ejemplo, el doctor Binger, responsable de la higiene psíquica en Nueva York, se lamenta de que uno nunca puede estar seguro de no ser mal interpretado cuando pronuncia una buena conferencia. Él mismo, por ejemplo, dio en cierta ocasión una conferencia por radio acerca de la denominada medicina psicosomática, y al día siguiente recibió una carta en la que alguien le preguntaba que dónde podía comprar un frasco de esta medicina.

Tengo que admitir que no estoy en modo alguno convencido de que el conocimiento de una enfermedad cualquiera sea algo saludable. Puedo imaginarme muy bien, por el contrario, que tenga un efecto perjudicial. Quisiera mencionar a este respecto la situación que se da, por ejemplo, al medir la tensión arterial: supongamos que al medírsela a un paciente observo que la tiene ligeramente alta; si a su inquieta pregunta: «Doctor, ¿cómo tengo la tensión?», contesto que no necesita preocuparse, que no hay motivo para ello, ¿le estoy mintiendo? Yo creo que no, pues tras mi tranquilizadora respuesta el enfermo respirará con alivio y dirá: «Gracias a Dios; temía que me pudiera dar un ataque.» Y tras abandonar sus temores baja efectivamente su tensión arterial hasta lo normal. Pero, ¿qué habría sucedido en el caso contrario, si le hubiera dicho la verdad? Habría exagerado la realidad y no se habría mantenido ligeramente alta la tensión, sino que el paciente, ahora preocupado y angustiado, habría reaccionado inmediatamente ante mi manifestación con una notable elevación de su tensión arterial.

Pensemos, si no, en la divulgación de los resultados de estudios estadísticos. Si se comprobara estadísticamente que tantos y tantos maridos engañan a las mujeres –y esto se ha hecho realmente en un importante trabajo– y se hiciera público, estoy convencido de que no se mantendría igual el porcentaje de maridos infieles. El hombre medio no pensaría: «Es un escándalo que la mayoría sea así (como él mismo); a partir de ahora voy a serle fiel a mi mujer para fortalecer y apoyar a la minoría de los decentes.» Antes bien, se diría: «Yo no soy un santo y no tengo por qué ser mejor que los demás.» Y es probable que esta reflexión influyera en su decisión en la primera tentación que se le presentara. Todo esto se podría comparar con la conocida tesis del físico Heisenberg de que la observación de un electrón trae siempre consigo un factor de influencia. Esto mismo es analógicamente válido también en nuestro contexto, y yo me atrevería a afirmar que, por ejemplo, la publicación de una realidad estadística constituye siempre un factor de influencia de quienes están incluidos en dicha estadística, provocando así una falsificación de la realidad.

En Estados Unidos donde la popularización de la psicología profunda, del psicoanálisis, ha alcanzado unas dimensiones que los centroeuropeos apenas pueden imaginar, comienza a verse ahora el reverso de la moneda. Así, hace poco se podía leer –¡en una revista médica!– que las denominadas asociaciones libres, en las que se basa el método de tratamiento psicoanalítico, hace mucho que ya no son «libres», o por lo menos no tan libres como para que pudieran dar todavía al médico una información sobre el inconsciente del paciente. Éste sabe ya «por dónde va» el psicoanalista, y lo conoce debido a los numerosos libros que tratan el psicoanálisis y otros temas predilectos de los lectores. No se puede hablar, pues, de naturalidad ni de ausencia de prejuicios[2].

El lector medio conoce los principales complejos[3]. Lo que no sabe es que tales complejos, los conflictos o las denominadas vivencias traumáticas, es decir, los trastornos mentales, al fin y al cabo no influyen en la aparición de las neurosis tanto como él imagina. Para demostrar esto me gustaría mencionar sólo que en cierta ocasión le encargué a una doctora de mi departamento que, al azar, sin hacer una selección, les preguntara a los diez últimos casos de neurosis que estaban en tratamiento ambulatorio varias cosas acerca de sus vivencias que podían resultar patológicas. A continuación se hizo lo mismo con otros diez pacientes, elegidos al azar, que se encontraban en nuestro departamento por padecer una enfermedad nerviosa orgánica, con el sorprendente resultado de que estas personas, que estaban mentalmente sanas, no sólo habían tenido vivencias similares (también de igual gravedad) que las diez primeras, sino que las habían tenido en una proporción incluso mayor, aunque pudieron superarlas sin contraer una enfermedad neurótica.

Así pues, no existe razón alguna para el fatalismo. Una actitud de este tipo ante las vivencias pasadas, incluso ante las más graves, sería un síntoma neurótico. Pues es un rasgo típico de los neuróticos el hecho de disculparse de sus complejos o de su carácter y actuar como si hubiera que aceptarlo todo. En el neurótico lo típico es eso: lo que constata en sí mismo, con eso se compromete siempre; lo que encuentra en sí mismo, con eso se conforma siempre. Si habla, por ejemplo, de su falta de voluntad, olvida no sólo que donde hay un deseo hay también un camino, sino también que donde hay un objetivo allí hay también un deseo. Cuando un neurótico habla sólo de los rasgos de su personalidad, de su carácter, se está disculpando también de ese carácter. Pero, ¿cómo puede salvar su destino alguien que lo considera ya decidido?

Por eso tenemos que oponernos al fatalismo neurótico, y también a una forma de popularizar los resultados de la investigación psiquiátrica que sólo puede crear daños. ¡Cuántos pacientes nos encontramos cuya enfermedad neurótica ha surgido porque reaccionan ante cualquier trastorno nervioso, en sí leve, con el temor de que pueda ser un síntoma o un pródromo, es decir, un indicio o señal de enfermedades graves! Y al profano en la materia se le presentan motivos para sufrir estos temores en una divulgación médica o psiquiátrica popular, que no lleva más allá de unos peligrosos conocimientos superficiales.

Hoy en día, cuando el buen tono del periodismo exige utilizar términos psiquiátricos, el cine no se puede quedar atrás, y trata por ello el psicoanálisis, casos de esquizofrenia y de pérdida de la memoria; trata, por lo menos, lo que se imagina que es el psicoanálisis. Pero así sólo se crean temores innecesarios. Es probable que una mujer que haya visto la película *The cobweb* se pregunte: «¿No me amamantó también mi madre algún día demasiado tarde? ¿No pisó también mi padre mi muñeca alguna vez?» En pocas palabras, «¿no he sufrido yo en mi infancia los mismos daños mentales que la protagonista de la película? No lo sé; pero ella tampoco lo sabía antes de que se lo dijera el psicoanalista.» Así, esta mujer saldrá del cine con miedo de acabar también ella en una telaraña, en una cama enrejada. Estos temores son, en general, obsesivos, y precisamente el que tiene tendencia a sufrir tales obsesiones está inmunizado contra los trastornos mentales auténticos.

No es éste el lugar apropiado para criticar los aspectos artísticos de una película; pero hay que decir que no toda, pero sí una parte de la información psiquiátrica que ofrece la película *The cobweb* es falsa. Y no digamos nada de esas películas que llegan hasta presentar, por ejemplo, el suicidio, unido a la eutanasia, como último recurso. *Semper aliquid haeret*, siempre queda algo adherido, y esto pesa siempre en la balanza de una decisión. Sería de desear que los responsables de la producción de una película se dieran cuenta de que cada metro que filman influye sobre la psique de las masas, y cada proyección de una película, se quiera o no, es una receta de psicología para el público. Que nadie se excuse diciendo que algo como la producción cinematográfica y literaria actual son sólo síntomas, simples signos de la enfermedad de nuestro tiempo, pues está en nuestras manos el preocuparnos de que tanto el cine como los libros, la prensa y la radio, en pocas palabras, todo lo que influye en las masas, no siga siendo un síntoma, sino que se convierta en un remedio.

II

EL PSICOANÁLISIS Y LA PSICOLOGÍA INDIVIDUAL

El psicoanálisis, la teoría de Freud –en contraposición a la idea difundida entre los profanos en la materia– no es más que una escuela de la psicoterapia moderna (es decir, del tratamiento de las enfermedades psíquicas), pero no sólo una, sino la primera. Por tanto, será también la primera que comentaremos.

Si nos preguntamos cuál es el objetivo del psicoanálisis, hay que decir que Freud buscaba el sentido de aquellos síntomas psíquicos que se denominan histéricos. Y comprobó que tales síntomas tienen realmente un sentido, aunque éste es inconsciente, es decir, no lo conoce ni el propio enfermo. Pero no es inconsciente del mismo modo que lo es algo que se olvida; lo que sucede es que se reprime, se lleva al inconsciente, eliminándolo y manteniéndolo apartado de la conciencia. Además, Freud creía poder demostrar que el contenido de tales vivencias inconscientes, reprimidas, está en relación con la vida sexual. Este hecho es, según Freud, la causa que provoca la represión de las correspondientes vivencias. Tenemos que recordar que el psicoanálisis da al término "pulsión sexual" un sentido amplio, y que, en definitiva, a lo que hace referencia es a la impulsividad o energía vital.

Freud ha demostrado que lo que ha sido víctima de la represión vuelve a manifestarse, a ser consciente, por ejemplo, en los sueños. Pero tiene lugar de un modo diferente, simbólico. Las ideas sólo se atreven a asomarse a la conciencia camufladas, bajo la máscara de un símbolo. En otras palabras, la conciencia y el inconsciente contraen un compromiso entre sí. Según Freud, la neurosis, por ejemplo, una obsesión, representa también un compromiso de este tipo. De acuerdo con la teoría del psicoanálisis, la neurosis se basa en un impulso reprimido que se manifiesta en la conciencia del paciente de forma disfrazada, bajo la máscara de una obsesión determinada. El tratamiento psicoanalitico pretende eliminar la neurosis suprimiendo la represión y haciendo de nuevo conscientes los procesos inconscientes.

De la escuela psicoanalítica derivó una segunda orientación importante –también en Viena–, denominada psicología individual, de Alfred Adler. Éste partía en sus investigaciones de lo que él denominaba la inferioridad orgánica, concepto bajo el que entendía una inferioridad congénita, innata, de los órganos. Observó que esta inferioridad repercute en el ámbito de lo psíquico y provoca lo que la psicología individual designa con el conocido término de complejo de inferioridad. Se abrió entonces una interesante perspectiva para Alfred Adler: podía demostrar que, aparte de la inferioridad orgánica, hay otras circunstancias que pueden provocar un complejo de inferioridad, ya desde la primera infancia: por ejemplo, una salud general delicada, una debilidad general y, sobre todo, una deformidad real o sólo hipotética. Según las teorías de la psicología individual, toda persona tiene un complejo de inferioridad en mayor o menor medida; lo tiene como hombre, es decir, como el ser que en los primeros años de su vida necesita más que, por ejemplo, los animales, la ayuda de los demás, de los adultos, de los padres. Pero el complejo de inferioridad corriente en el niño normal se ve remediado, equilibrado o, según la expresión de la psicología individual, compensado por un afán natural de seguridad en la comunidad humana.

No sucede lo mismo en el caso del sentimiento de inferioridad anormal, del profundo sentimiento de inferioridad de los niños enfermizos, débiles o deformes. En este caso no es suficiente una compensación, sino que resulta necesaria una sobrecompensación. De hecho, todos sabemos por experiencia que precisamente las personas que se sienten muy inseguras suelen darse una mayor importancia, sea a través de unos rendimientos excepcionales –con lo que se integran en la comunidad y le son útiles–, sea enfrentándose a la comunidad y queriendo imponerse a los demás hombres, es decir, aspirando a compensar su complejo de inferioridad a través de la simple apariencia de superioridad. Alfred Adler opina que todos los trastornos neuróticos –lo que él mismo denomina, en el título de un libro, carácter nervioso–, se deben a una sobrecompensación errónea de un sentimiento de inferioridad profundo. ¿Y la terapia? La psicología individual se esfuerza en tales casos en atacar de raíz el excesivo afán de valimiento de estas personas nerviosas, inseguras, en primer lugar, haciéndolas conscientes de lo que se oculta detrás, esto es, del complejo de inferioridad que ellas mismas no conocen, y, en segundo lugar, enseñándolas a superar ese complejo; en una palabra, estimulándolas y volviéndolas a integrar en la comunidad humana.

El desarrollo de la terapéutica psíquica moderna no se ha detenido, sino que ha adoptado otros métodos de tratamiento psiquiátrico. Voy a mencionar sólo la orientación de C. G. Jung, el famoso psicólogo suizo, que fue discípulo de Sigmund Freud, pero que se apartó pronto de su maestro y siguió su propio camino, que le llevó, por ejemplo, al descubrimiento de que en los estratos inconscientes del hombre tanto sano como enfermo se encuentran no sólo símbolos sexuales, sino también símbolos que aparecen en culturas lejanas y desconocidas o en sus religiones.

Pero aquí no podemos ni debemos tratar esto con más detalle. Yo considero más importante para nosotros señalar que la teoría de Sigmund Freud, es decir, el psicoanálisis, cada vez pudo disimular menos que era un «hijo de su tiempo». Sabemos que hoy ha trascendido más que entonces al gran público –mientras que en la época en que Freud hacia sus descubrimientos chocaba con la máxima oposición por parte del público– y ha sido aceptada por los profesionales, los clínicos. Pero no debemos permitir que ni esta amplia difusión que conoce hoy el psicoanálisis, ni nuestro profundo respeto hacia la genialidad de Sigmund Freud, su fundador, perturbe nuestro juicio. También admiramos, todavía hoy, a Hipócrates y a Paracelso, sin sentirnos por ello obligados a recetar u operar de acuerdo con las teorías de estos dos grandes médicos. Debemos admitir también que Sigmund Freud estaba ligado al naturalismo de su época. Es decir, veía en el hombre un ser natural, sin tener en cuenta su carácter espiritual. El hombre tiene también impulsos, pero su esencia no se puede definir sólo a partir de estos impulsos, y cosas como el espíritu, la persona, el yo, no se pueden reducir a simples impulsos.

Freud veía correctamente, pero no lo veía todo, sino que simplemente generalizaba todo lo que había visto. Un radiólogo ve también correctamente cuando en una radiografía ve al hombre como si no se tratara de una persona, sino sólo de un esqueleto. Pero a ningún radiólogo se le ocurriría afirmar que el hombre se compone sólo de huesos, sino que sabe que en realidad existen también otros tejidos. Se puede ir incluso más lejos: siempre que se le ve un hueso a un hombre vivo, ese hombre ya no está sano, sino que tiene una fractura abierta.

Lo mismo sucede con el psicoanálisis. El hombre tiene impulsos; pero cuando esta impulsividad sale a la luz, el hombre ya no está sano, sino que se trata de un caso especial, de una persona que –tal como mantiene el dicho– «se deja llevar por sus impulsos». Pero nunca se debe intentar construir una imagen humana a partir de este caso especial o, tal como hizo Freud, querer explicar el conjunto de la cultura humana a partir de la impulsividad.

Cada época tiene sus neurosis, y cada época necesita una psicoterapia. Y, así, se ha demostrado que el psicoanálisis de Freud corresponde a la época victoriana y a la época del peluche; a una época en la que se era, por un lado, ñoño y, por otro lado, voluptuoso. A la sociedad de aquel momento había que quitarle la máscara de falta de sinceridad en el aspecto sexual y colocarle el espejo delante. Hoy, sin embargo, las exigencias de los tiempos son otras, y la psicoterapia actual no trata ya la insatisfacción sexual de los hombres, sino su vacío existencial: el ansia que el hombre tiene de dar un sentido a su vida, de encontrar una misión y un compromiso personales, en una palabra, la lucha por un sentido existencial[1].

Nietzsche dijo en cierta ocasión: «Quien tiene un porqué para vivir, soporta casi cualquier cómo.» Es decir, a quien encuentra un sentido a su vida, esto le ayudará más que cualquier otra cosa a superar las dificultades exteriores y los sufrimientos interiores. De esto se deduce lo importante que es, desde el punto de vista terapéutico, ayudar al hombre a encontrar un sentido a su existencia, así como despertar en él el afán de encontrar una razón de ser. Para ello se necesita, sin duda, una imagen del hombre diferente a la que concebían las antiguas escuelas de la terapéutica psíquica, pues el psicoanálisis nos ha dado a conocer el deseo de placer, expresado en el principio del placer, y la psicología individual nos ha familiarizado con el deseo de poder, que se plasma en el afán de valimiento. Pero en realidad, lo que el hombre busca es un sentido; y la práctica –no sólo en las consultas médicas y ambulatorias, sino también en las situaciones límite que se dan en caso de bombardeo, en los campamentos de prisioneros de guerra y en los campos de concentración– nos ha enseñado que sólo hay una cosa que hace al hombre capaz de soportar lo peor y de realizar lo imposible. Y esto es precisamente el tener un deseo de sentido, y el convencimiento de que el hombre es responsable de encontrar ese sentido a su vida.

III

LA ACTITUD FATALISTA

La segunda conferencia sobre psicoterapia que he pronunciado a través de la radio finalizaba con una alusión a la necesidad de tener conciencia de la responsabilidad. He intentado explicar que todo quehacer psiquiátrico debe tener como objetivo acostumbrar al enfermo a asumir con satisfacción su responsabilidad. Sin embargo, lo que nos llama siempre la atención en nuestros pacientes neuróticos es precisamente lo contrario: el temor, el miedo a la responsabilidad. Ya la propia lengua nos indica que «hay que hacer» al hombre responsable; parece existir, así, una fuerza que le hace escapar de la responsabilidad. Pero, ¿qué es lo que le da al hombre esa fuerza «centrífuga»? Es la creencia supersticiosa en el poder del destino, tanto exterior como interior; es decir, en el poder de las circunstancias exteriores y de los estados interiores. En una palabra, es el fatalismo lo que invade a estas personas, a estos individuos que padecen un trastorno psíquico; pero no sólo a ellos, sino también a aquellas personas aparentemente sanas y, en cierto modo, a todos los hombres de hoy.

Se podría decir, sin duda, que se trata de un rasgo neurótico de la humanidad actual. Y podría hablarse entonces también de una patología del espíritu de la época, dentro de la cual el fatalismo, la creencia en el poder del destino, constituiría uno de los síntomas. No obstante, yo creo que las habladurías actuales sobre una «enfermedad de nuestro tiempo» no son nada más que eso, simples habladurías, hipótesis gratuitas que traen conclusiones engañosas. En una palabra, estas habladurías son tan poco científicas como sin escrúpulos.

¿Es esta enfermedad de nuestro tiempo lo que trata la psicoterapia: la neurosis? ¿Padece nerviosismo nuestra época? Existe un libro cuyo autor es F.C. Weinke y que lleva por título «El estado nervioso, achaque de nuestro tiempo». El libro lo publicó J. G. Heubner en Viena en el año 53, pero no en 1953, sino en 1853, lo que nos evidencia que la actualidad de la neurosis no es una cosa reciente; que no sólo son nerviosos nuestros contemporáneos.

Uno de los «diagnósticos de nuestro tiempo» más triviales y banales afirma que es el ritmo de nuestros días lo que provoca la enfermedad de los hombres. Así, el famoso sociólogo Hendrik de Man advierte: «A partir de un determinado limite no se puede activar impunemente el ritmo de vida.»

¿Es correcta esta afirmación? El hecho de decir que el hombre no puede soportar un aumento de la velocidad de sus medios de transporte mecánicos, que no puede competir con el progreso técnico, no es nada nuevo. Cuando en el siglo pasado comenzaron a circular los primeros ferrocarriles, los médicos afirmaban que era imposible que el hombre resistiera sin enfermar el aumento de velocidad que implicaba un viaje en tren; y hasta hace pocos años se pensaba que sería perjudicial para la salud volar en un avión que alcanza una velocidad supersónica. Vemos –es decir, lo vemos ahora, después de que se ha comprobado que estas profecías y que estos escepticismos eran totalmente falsos– qué razón tenía Dostoieski cuando definía al hombre como el ser que se acostumbra a todo.

Así pues, como causa de la «enfermedad de nuestro tiempo» o de las enfermedades en general, no cuenta para nada el ritmo de vida actual. Yo me atrevería incluso a afirmar que este ritmo acelerado de la vida actual constituye un intento de autocuración, si bien es un intento fracasado. De hecho, el vertiginoso ritmo de vida de nuestros días se puede entender sin dificultad si lo concebimos como un intento de autoanestesia: el hombre huye de una soledad y un vacío interiores, y en su huida cae en el desorden. El gran psiquiatra francés Janet ha comprobado en las personas neuróticas, que él denomina psicasténicas, la existencia de un *sentiment de vide,* un sentimiento de vacío y de falta de contenido. Éste existe también en un sentido figurado; me refiero al sentimiento de vacío existencial, al sentimiento de falta de un objetivo y un contenido existenciales.

Podemos ver claramente que este sentimiento se apodera hoy en día de numerosas personas si pensamos simplemente en lo que ya mencioné en mi segunda conferencia acerca de la limitación temporal del psicoanálisis. Decía entonces que en su época, en la época de Freud, la problemática sexual estaba en un primer plano, mientras que para el hombre actual el problema de la insatisfacción sexual es mucho menos importante que el de no encontrar un sentido existencial o, utilizando la expresión de los psiquiatras americanos, el problema de la frustración, de lo que yo he denominado «deseo de sentido». Podemos entender, así, el hecho de que el ritmo de vida actual le sirve al hombre de hoy para amortiguar la frustración, la insatisfacción, el no ver realizado su deseo de sentido, pues el hombre contemporáneo vive lo que quizá se describa de la forma más adecuada con unas palabras del *Egmont* de Goethe: «Apenas sabe de dónde viene, menos aún, a dónde va.» Y se podría añadir que cuanto menos lo sabe, cuanto menos se plantea cuestiones como el sentido existencial o una meta en su camino, tanto más acelera el paso al recorrer con prisa ese camino.

Aparte de la afirmación de que el ritmo de vida es la causa de las crisis psíquicas, existe también otro aspecto de la enfermedad de nuestro tiempo, tantas veces diagnosticada. Así, por ejemplo, se dice que vivimos en el siglo de la ansiedad («The Age of Anxiety»), o –por citar el titulo de un conocido libro– se considera «la ansiedad como una enfermedad de occidente». Pero tampoco podemos aceptar esto. Desearía mencionar sólo lo que dos investigadores americanos destacan en el «American Journal of Psychiatry» que los tiempos pasados, por ejemplo, la época de la esclavitud, de las guerras de religión, de la quema de las brujas, de las migraciones de los pueblos o de las grandes epidemias, que tales «buenos tiempos pasados», no estaban más libres de temores que nuestra época.

Joachim Bodamer, un psiquiatra alemán, dijo acertadamente en cierta ocasión: «Si el hombre de hoy tiene miedo, es un miedo al aburrimiento.» Aburrimiento que, como es sabido, puede llegar a ser mortal. Así, el profesor Plügge, internista de Heidelberg, ha comprobado que en los casos de intento de suicidio que él ha estudiado, el motivo no era una enfermedad o una situación económica crítica, ni tampoco un conflicto profesional o de otro tipo, sino, sorprendentemente, otro distinto: un aburrimiento desmesurado, es decir, el hecho de no ver realizado el deseo de encontrar un contenido auténtico a la vida. Y vemos así también qué razón tenía Karl Bednarik cuando escribía: «A partir del problema de la miseria material de las masas ha surgido el problema del bienestar, el problema del ocio.» Pero en relación con el tema de las neurosis, el neurólogo vienes Paul Polak mencionaba ya hace algunos años que no se podía uno hacer la ilusión de que con solucionar las cuestiones sociales iban a desaparecer también las enfermedades neuróticas, sino que resulta más acertado lo contrario: cuando estén solucionadas las cuestiones sociales, las existenciales irrumpirán en la conciencia del hombre, «la solución de la cuestión social despejará la problemática espiritual, la movilizará; el hombre será entonces libre de abordarse a sí mismo, y verá lo problemático en sí mismo, su propia problemática existencial».

Las neurosis no se han incrementado, sino que, en lo que se refiere a su frecuencia, han permanecido igual durante decenios; y entre las neurosis, las de ansiedad incluso han retrocedido (J. Hirschmann). Así pues, el cuadro clínico de las neurosis se ha modificado, la sintomatología es ahora distinta. La ansiedad más bien disminuye. Lo mismo se puede apreciar en las psicosis (H. Kranz), no sólo en las neurosis. Se ha comprobado que hoy en día las personas que padecen melancolía rara vez sufren porque se sienten culpables, sobre todo culpables ante Dios, sino que se encuentra en un primer plano su preocupación por su salud física, esto es, un síndrome hipocondríaco, y su preocupación por su puesto y su capacidad de trabajo: éstas son las causas de la melancolía actual (A. v. Orelli), probablemente porque son estas dos cosas –no Dios ni la culpabilidad, sino la salud y el trabajo– las que busca el hombre medio actual.

No se puede decir, por tanto, que haya aumentado hoy en día la frecuencia de enfermedades neuróticas; lo único que ha aumentado es «la necesidad psicoterapéutica», es decir, la necesidad que las masas sienten en su estado de crisis psíquica y espiritual de dirigirse al neurólogo. Y detrás de esta necesidad psicoterapéutica se encuentra la antigua y eterna necesidad metafísica del hombre.

No se puede, pues, hablar de un incremento de las neurosis en el estricto sentido clínico de la palabra –no es un sentido amplio, figurado, en el sentido de las neurosis colectivas, como yo las denomino, como hemos dicho, en el estricto sentido clínico de la palabra–.

El porcentaje de psicosis permanece sorprendentemente constante. Lo único que está sometido a oscilaciones es el número de ingresos en instituciones sanitarias. Pero esto está justificado. El hecho de que, por ejemplo, en el hospital vienés de Steinhof se alcanzara en el año 1931 la cifra máxima (en más de 40 años) de más de cinco mil ingresos, mientras que en el año 1942 se daba la cifra mínima con unos dos mil ingresos, tiene una fácil explicación: en la década de los años 30, durante la crisis económica mundial, los parientes de los enfermos los dejaban –por motivos económicos fáciles de comprender– el mayor tiempo posible en el hospital, y los pacientes mismos estaban contentos de tener un tejado sobre sus cabezas y algo caliente en el estómago. Pero con Hitler cambió la situación: debido al miedo, igualmente comprensible, que sentían ante la eutanasia, los pacientes se iban cuanto antes a sus casas o a cualquier otro lugar antes de permanecer en un hospital cerrado.

Algo similar ocurre en el caso del suicidio. A muchos les sorprenderá, pero es así: la curva de suicidios –si es que muestra oscilaciones– desciende en las épocas de crisis económica o política. Este hecho, descrito por los investigadores Durkheim y Höffding, ha sido comprobado recientemente: aquellos países que deberían alegrarse por un largo período de paz, poseen el récord europeo de número de suicidios. De otra estadística, publicada por el doctor Zigeuner, se desprende que en Graz, Estiria, la curva de suicidios alcanzó el nivel más bajo en los años 1946-1947, justo en una época en que se dio un marcado descenso del nivel de vida de la población.

¿Cómo se puede explicar esto? En mi opinión, como mejor se puede entender es mediante una comparación: en cierta ocasión me dijeron que una bóveda en estado ruinoso se puede sujetar y afirmar –paradójicamente– poniéndole peso encima. Algo similar le sucede al hombre: con las dificultades exteriores parece aumentar su resistencia interior[1].

Ya mencioné en la conferencia anterior que es preciso que el hombre tenga un por qué para vivir, porque entonces soporta casi cualquier cómo, por citar de nuevo a Nietzsche. El modo cómo el hombre de hoy actúa frente al hecho de la bomba atómica constituye un peligro psíquico para él. El neurólogo es hoy en día testigo de cómo los hombres caen en una actitud especial ante la vida que yo no puedo describir de otro modo que como una actitud existencial provisional. Estos hombres viven condicionados, «dependiendo de una demanda»; dejan de hacer planes a largo plazo, de organizar y disponer su vida de antemano. Piensan que si llega la bomba atómica, todo esfuerzo resultaría absurdo. No dicen: «Après moi le déluge» (después de mí el diluvio) pero se dicen a sí mismos: «Después de mí la bomba atómica», y todo les es indiferente. Está claro el efecto nocivo que esta actitud provisional tiene a la larga en las masas. Sabemos que si existe realmente algo que permite a los hombres mantenerse en pie en las peores circunstancias y condiciones interiores y afrontar así aquellos poderes del tiempo que a los débiles les parecen tan fuertes y fatales, es precisamente el saber adonde va, el sentimiento de tener una misión.

IV

LA EXISTENCIA PROVISIONAL

En mi tercera conferencia sobre psicoterapia abordé la cuestión de si se puede hablar de una patología del espíritu de la época y, en caso afirmativo, en qué sentido está justificado hacerlo. Más aún, adelanté lo que voy a tratar hoy, al comentar detalladamente un síntoma principal de la «enfermedad espiritual de nuestro tiempo», el fatalismo, la creencia en el poder del destino, mientras que sólo hice una breve alusión a un segundo síntoma: la actitud provisional ante la existencia.

Pensemos simplemente cómo el hombre vivió de forma provisional durante la guerra, es decir, cómo vivió al día o de un día para otro, debido a que nunca sabía si iba a vivir en realidad ese «otro día». Uno no estaba seguro ni en el frente, ni en las trincheras ni en el llamado hinterland, es decir, en los refugios, ni en el territorio enemigo, ni en los campamentos de prisioneros de guerra, ni en los campos de concentración; en ningún lugar estaba asegurada la supervivencia, y se caía así en una actitud de provisionalidad: se vivía, como hemos dicho, al día.

El hombre que vive al día se deja llevar más por los impulsos. En tales circunstancias, se puede entender que se renunciara, por ejemplo, a construir a largo plazo una vida sentimental digna de ser vivida, digna de un ser humano, y sólo se pensara en saborear cada momento y en aprovechar cada ocasión. Muchos matrimonios, luego disueltos, típicos «matrimonios de guerra», surgieron de una actitud de este tipo. Para los cónyuges, la vida sexual era justamente lo que no debía ser: un simple medio para conseguir un fin, el placer, mientras que lo normal –y lo ideal– es que sea un medio de expresión, la expresión de esa compenetración que llamamos amor.

Hoy se mantiene todavía esta actitud provisional ante la existencia. El hombre actual sigue dominado por ella; se apodera de él una especie de fobia a las bombas atómicas. El hombre parece que vive siempre atento, mirando constantemente de reojo a la inminente bomba atómica; la espera con miedo. Y esta ansiedad de expectativa, tal como la denominamos los clínicos, le impide llevar una vida consciente de su propósito. Comienza a vivir provisionalmente, sin darse cuenta de todo lo que pierde con ello; de que todo lo pierde con ello. Olvida que Bismarck tenía razón cuando decía: «En la vida nos sucede lo mismo que en el dentista: siempre pensamos que va a llegar lo malo, y mientras lo pensamos, ya ha pasado.» Qué equivocado está el hombre que adopta esta actitud, pues aunque se diera la catástrofe de una tercera guerra mundial, nunca sería inútil nuestro trabajo de cada día y de cada hora.

En la última guerra mundial hemos vivido situaciones difíciles; hubo personas que apenas podían contar con salir de ella sanos y salvos, y sin embargo, a pesar de saber que se hallaban frente a la muerte, intentaron hacer lo suyo, cumplir su misión. Ni la amenaza de la muerte en los campos de concentración –por mencionar una situación límite– hizo que los hombres que estaban en ellos consideraran su situación como un estado provisional o un simple episodio: para ellos, este tipo de vida fue una prueba, se convirtió en el punto culminante de su existencia, en una ocasión de volar alto. Pensemos sencillamente en unas palabras de Hebbel: «La vida nunca es algo, sino la ocasión para algo.» Si hemos cumplido la tarea que se nos había encomendado, no debemos tener miedo, pues si podemos creer a Laotse, haber cumplido una tarea significa ser eterno.

A las obras que realizamos rara vez se les erige un monumento; además, un monumento nunca es eterno. Pero toda obra es su propio monumento. Y no sólo lo que hemos realizado, sino también todo lo que alguna vez hemos vivido, «no nos lo podrá robar ningún poder del mundo», tal como dice el poeta. No se puede eliminar del mundo nada que haya sucedido alguna vez. ¿No es más importante todo aquello por el hecho de que ha sido realizado en el mundo? Es posible que sea efímero, pero queda conservado en el pasado, está protegido del carácter efímero y se salva precisamente por ser pasado. En el pasado no hay nada perdido para siempre, sino que todo está guardado de forma que no se puede perder. Normalmente, el hombre ve sólo los rastrojos del carácter efímero de las cosas; lo que pasa por alto son los repletos graneros del pasado.

La actitud provisional ante la existencia no está justificada en ningún caso. La vida no carece de sentido ni siquiera ante una muerte inminente. Incluso en este caso el hombre está ante una tarea muy concreta y personal, aunque sólo fuera la de llevar a término el sufrimiento recto, íntegro de un destino auténtico. Me gustaría explicar esto con un ejemplo. Una enfermera muy trabajadora contrajo un cáncer y en la operación se comprobó que no se podía extirpar. Yo la visité poco antes de su muerte y la encontré en un estado de profunda desesperación. Sufría, más que por otra cosa, porque no podía ejercer ya su profesión, lo que deseaba por encima de todo. ¿Qué debía haber dicho yo a la vista de esta desesperación realmente comprensible? Intenté explicarle lo siguiente: que trabajara más o menos horas al día no tenía ningún mérito, cualquiera lo podría hacer; pero ser tan trabajador como ella y no desesperarse por no poder trabajar, eso es algo que no puede hacer cualquiera. Le pregunté: «¿No comete ahora una injusticia con todos los miles de enfermos a los que ha dedicado su vida como enfermera? ¿No comete una injusticia si se comporta como si no tuviera sentido la vida de una persona enferma o inválida, es decir, de una persona que no puede trabajar? Si usted se desespera ahora, en su situación, actúa como si el sentido de la vida humana consistiera en que el hombre trabaje tantas y tantas horas. Con ello negaría a todos los enfermos e inválidos el derecho a vivir y su razón de ser. En realidad, usted tiene precisamente ahora una oportunidad única: mientras que hasta ahora no ha podido prestar a las personas que se le habían confiado nada más que una ayuda profesional, ahora tiene la oportunidad de ser algo más: un modelo de humanidad.»

En este caso se puede apreciar todavía que la desesperación consiste, al fin y al cabo, en una mitificación, en dar un carácter absoluto a un único valor, en admitir sólo un único sentido, en este caso concreto, la capacidad de trabajo, es decir, un cierto valor relativo, sin considerar la posibilidad de dar un verdadero sentido a la existencia.

Baste lo dicho sobre la cuestión de la actitud provisional ante la existencia y también sobre la posibilidad de encontrar una misión y, con ello, un sentido a la existencia en cualquier condición y circunstancia, en cualquier situación de la vida, incluso en las situaciones límite más extremas, lo que incluye también la forma en que afrontamos una situación difícil. Si somos conscientes de que la vida no puede carecer nunca de sentido, es decir, de que el sufrimiento encierra en sí mismo una posibilidad de encontrar un sentido, será imposible que adoptemos una actitud provisional ante la existencia. Y la bomba atómica no nos infundirá temor, sino que nos estimulará a emplear todas nuestras fuerzas para impedir que sea utilizada alguna vez. Hace un momento hablé en lenguaje clínico de la fobia a la bomba atómica como una neurosis de ansiedad y de expectativa. No olvidemos que esta última hace real aquello por lo que uno se inquieta. Quien, por ejemplo, teme enrojecer, estará rojo por este temor precisamente. Así pues, hay que hacer frente al pánico y al miedo colectivo a las catástrofes. Para ello es necesario saber cómo se ha podido llegar, desde el punto de vista psicológico, a que nos tengamos que ocupar hoy de un fenómeno como la fobia a las bombas atómicas. Éste será el tema de nuestra próxima conferencia, que trata sobre otro síntoma de la neurosis colectiva, el fanatismo.

V

LA MASA Y EL DIRIGENTE

Las dos últimas conferencias sobre psicoterapia han tratado sobre dos síntomas de la enfermedad de nuestro tiempo: el primero es el fatalismo; el segundo, lo que yo he denominado «actitud provisional ante la existencia». Estos dos síntomas se complementan en cierto modo entre sí, uno guarda una cierta relación con otro. Una persona fatalista piensa que no es posible luchar contra el destino, ya que éste es demasiado poderoso. La persona que adopta una actitud provisional, por su parte, opina que no es necesario organizar el futuro, pues nunca se sabe lo que va a suceder mañana. Actuar pensando en el porvenir, hacer planes, vivir sabiendo adonde va, todo esto le parece innecesario e ilógico, y sólo se preocupa de una cosa: de vivir al día.

Hoy vamos a hablar de otro síntoma, el tercero en relación con la neurosis colectiva, si es que tenemos realmente derecho a dar al concepto de la neurosis un sentido colectivo (ya hemos comentado anteriormente hasta qué punto está esto justificado). Este tercer síntoma es *el pensamiento colectivista,* que desde hace ya tiempo se está desarrollando cada vez más. Pero es necesario tener cuidado para no interpretar mal el concepto del pensamiento colectivista o, dicho en un sentido más general, el colectivismo. Quiero prevenir –nunca se insistirá demasiado– contra la posibilidad de traducir la raíz «colectivo» en la palabra colectivismo como comunidad o sociedad; con ello nos estaríamos refiriendo a lo opuesto de lo que estamos pensando, la masa.

No es lo mismo la sociedad o la comunidad que la masa. La diferencia más interesante, por lo que se refiere a nuestro tema, está en la relación de ambas, la comunidad y la masa, con la individualidad del hombre, o mejor dicho, con su personalidad, con su existencia como persona. Así, la comunidad necesita a los distintos individuos, al igual que, por el contrario, todo individuo necesita la comunidad para poderse realizar a sí mismo, es decir, para poder ser persona. Pero no sucede lo mismo en el caso de la masa. En ésta no se puede destacar ni desarrollar nunca una personalidad humana, ni siquiera la simple individualidad de una persona. La masa no acepta la individualidad, pues ésta sólo le causa molestias. Por ello, lucha contra las individualidades, las oprime, les roba su libertad, se las recorta a favor de la igualdad; se nivelan las individualidades y las personalidades desaparecen siguiendo una tendencia hacia la nivelación: éste es, en la masa, el destino de la libertad personal; lo que se busca es una igualdad lo más impersonal posible. Pero, ¿qué sucede con el tercer aspecto relacionado con todo esto, qué sucede con la fraternidad? Pues bien, se degenera, se convierte en un instinto gregario.

¿Cómo llega el hombre, el hombre medio de hoy, que se caracteriza –por no decir que está marcado– por los síntomas neuróticos de la humanidad actual, a caer en un modo de pensar colectivista? Esto se debe, sobre todo, a que le tiene miedo a la responsabilidad, y ésta es siempre muy personal. Ha sido de nuevo en la guerra, en las tropas, donde el hombre ha aprendido, ha tenido que aprender a dejarse llevar, a dejarse arrastrar, tal como suelen expresarse tales personas. En estas situaciones lo que importa es no llamar la atención por nada, pasar desapercibido cueste lo que cueste, integrarse en la masa. Hoy se mantiene todavía esta actitud. Pero, ¿qué se hace realmente? *No se introduce uno en la masa, sino que se hunde en ella,* se renuncia a sí mismo como persona.

Porque –y esto no debemos olvidarlo nunca– la masa es impersonal. Y sólo las personas tienen libertad y responsabilidad. Por ello, sólo las personas, debido a sus decisiones libres y a sus actos responsables, pueden ser culpables o tener méritos. Un grupo impersonal nunca puede ser culpable, y no existe, por tanto, nada parecido a la culpabilidad colectiva. Quien juzga de forma global, colectiva, o quien condena a una colectividad, sólo busca su comodidad, e intenta, sobre todo, eximirse a sí mismo de la responsabilidad que va unida a todos los juicios o condenas.

Si nos preguntamos ahora qué tipos de personas son las que –al parecer debido a su carácter– tienden a realizar tales generalizaciones, llegamos al cuarto y último síntoma de la enfermedad de nuestro tiempo: el fanatismo. Éste tiene una cierta relación con el colectivismo, anteriormente tratado: mientras que la persona con un pensamiento colectivista olvida su propia personalidad, el fanático pasa por alto la personalidad de los individuos que no piensan como él, no admite un modo de pensar distinto al suyo; lo único que acepta es su propia opinión. Pero el fanático ni siquiera tiene una opinión propia, sino que «le tiene» a él la opinión pública. Esto es lo que hace que el fanatismo sea tan peligroso: el que la opinión pública se apodere tan fácilmente de los fanáticos y que ciertos individuos se puedan apoderar también con facilidad de la opinión pública. Estos individuos son los gobernantes o, mejor dicho, un gobernante, un dirigente. Se puede entender así lo que se dice que exclamó Hitler durante una conversación: «¡Qué suerte para los gobernantes que las personas no piensen, sino que prefieran que les den todo pensado!»

Los caracteres fanáticos no son para los psiquiatras algo desconocido y desacostumbrado. El ministerio de Justicia noruego estableció hace años una comisión psiquiátrica, que se encargó de examinar clínicamente a más de 60.000 partidarios de Quisling. ¿Cuál fue el resultado? Que el porcentaje de paralíticos, paranoicos y psicópatas paranoides entre tales fanáticos era, en promedio, dos veces y media mayor que entre la población noruega corriente. Vemos, pues, que no se trata tanto, como se piensa recientemente tan a menudo, de someter a los políticos a reconocimientos psiquiátricos regulares. Aparte de que es dudoso que se pudieran realizar, estos tratamientos psiquiátricos llegarían demasiado tarde. Habría que haber sometido a un reconocimiento psiquiátrico anteriormente, en su momento, a aquellos con cuya ayuda y sobre cuyas espaldas han escalado hasta su posterior liderazgo los políticos en cuestión.

Volviendo de nuevo al fanatismo y recordando que hemos dicho que el fanático ignora la personalidad, esto es, la libertad de decisión y la dignidad humana de las personas que no piensan como él, se me ocurren otras palabras de Hitler, quien dijo en cierta ocasión que la política es un juego en el que están permitidos todos los trucos. En mi opinión, no hay nada tan característico del fanático como el hecho de que para él todo se convierte en un simple truco, en un simple medio para conseguir un fin. Piensa que el fin justifica los medios. Pero existen medios que pueden degradar el fin. Y existe también algo que nunca se debería degradar y convertir en un simple medio. Kant lo sabía perfectamente: el hombre no debe ser degradado nunca a un simple medio para conseguir un fin. Pero esto sucede continuamente, y sobre todo en la política fanática, que no se detiene ni ante los hombres, sino que los incluye en sus objetivos políticos. A través de esta política fanática, se politiza al hombre, cuando sería mucho más importante lo contrario: que se humanizara la política.

La opinión pública, de la que decíamos anteriormente que se apodera en gran medida de las personas fanáticas, cristaliza también en forma de frases hechas. Éstas provocan, nada más ser lanzadas a la masa, una especie de reacción en cadena, una reacción psicológica que es mucho más peligrosa que la reacción en cadena física en que se basa el mecanismo de la bomba atómica, pues este mecanismo, esta reacción en cadena no habría comenzado si no le hubiera precedido la reacción psicológica en cadena; si una masa, el hombre de la masa, no hubiera sido atacado, por así decirlo, por la frase hecha.

Qué razón tenía Karl Kraus al decir: «Si la humanidad no tuviera frases hechas, no necesitaría armas.» En lo que concierne a la bomba atómica, Einstein acertó a decir: «El problema no es la bomba atómica, el problema es el corazón del hombre.»

Llegamos aquí al final de nuestra conferencia sobre los síntomas de la neurosis colectiva o de la enfermedad de nuestro tiempo. En sentido figurado, pero sólo en sentido figurado, se puede hablar de una epidemia psíquica, sobre todo en lo referente al fanatismo. Lo que caracteriza a las epidemias psíquicas en contraposición a las somáticas es simplemente una cosa, que les da su carácter amenazante: las epidemias psíquicas no son sólo, como las somáticas, una consecuencia más o menos inevitable de la guerra, sino que, por desgracia, son también una posible causa de guerra. Por ello, la lucha contra estas epidemias debe ser el objetivo más urgente de la higiene psíquica.

Preguntémonos ahora cuánto se han propagado estos síntomas de la neurosis colectiva. Yo propuse en cierta ocasión a mis colaboradores realizar a tal efecto una prueba con personas que no eran neuróticas en el estricto sentido clínico de la palabra, para lo que se utilizaron los tests más modernos. La pregunta relacionada con el primer síntoma, es decir, con la actitud provisional ante la existencia, era: «¿Cree usted que no hay que organizar el futuro porque va a estallar la bomba atómica y nada tiene entonces sentido?» La pregunta sobre el segundo síntoma, esto es, la actitud fatalista ante la vida, decía: «¿Piensa usted que el hombre no es al fin y al cabo nada más que un juguete a merced de las fuerzas y poderes exteriores e interiores?» En relación con el síntoma del pensamiento colectivista les preguntamos: «¿Cree usted que lo más importante es no llamar la atención?» Y por último, esta pregunta capciosa –tengo que admitirlo– sobre el fanatismo: «¿Cree usted que una persona que quiere lo mejor está autorizada a utilizar cualquier medio que le parezca adecuado?» A través de este test se pudo comprobar que entre las personas examinadas sólo una estaba libre de los cuatro síntomas de la neurosis colectiva, mientras que más de la mitad presentaban al menos tres de los cuatro síntomas.

Sabemos que no sólo un conflicto psíquico, sino también uno espiritual, por ejemplo, un conflicto de conciencia, puede provocar una neurosis. Se comprende así que la persona que es capaz de tener un conflicto de conciencia está inmunizada contra el fanatismo, contra la neurosis colectiva. Y, a la inversa, si alguien que sufre una neurosis colectiva, por ejemplo, un político fanático, es capaz de escuchar la voz de su conciencia y de dejarse influir por ella, entonces puede superar también su neurosis colectiva.

Hace ya algunos años hablé sobre este tema en un congreso de médicos, al que asistían, entre otros, algunos colegas que vivían en un país sometido a un régimen totalitario. Al finalizar la conferencia se acercaron a mí y me dijeron: «Conocemos muy bien todo lo que usted ha comentado.

Debe usted saber que nosotros lo denominamos la enfermedad de los funcionarios. Muchos funcionarios del partido, con el tiempo, enferman de los nervios debido a la creciente carga de su conciencia; pero entonces se curan de su fanatismo político.»

VI

LA HIGIENE PSÍQUICA DE LA VEJEZ

Actualmente se habla mucho del envejecimiento de la población, es decir, de que hoy más que nunca predominan numéricamente las personas de mayor edad, mientras que el porcentaje de jóvenes, por el contrario, disminuye. No es mi intención entrar en los detalles de las consecuencias demográficas y médicas derivadas en este cambio en la estructura por edades de la sociedad actual. Más que nada desearía analizar los hechos desde el punto de vista de la psicoterapia y de la higiene psíquica, esto es, desde el punto de vista de la prevención y el tratamiento de las enfermedades psíquicas.

Pocas veces ha sido tan acertada una contestación sencilla a una pregunta simple como la respuesta de una anciana internada en un hospital de incurables y a la que un día le preguntó un conocido que estaba de visita: «Dígame, ¿qué hace usted aquí durante tanto tiempo?» La contestación fue: «¡Santo Dios! Por la noche duermo, y por el día me consumo.» ¿Qué significa esto? Pues ni más ni menos que la inactividad es como una enfermedad crónica. Quien haya sentido siempre no sólo el deseo de vivir, sino también el de llevar una vida digna de un ser humano, tendrá que admitir que a todo ser humano que merezca tal nombre no le debería satisfacer el simple hecho de estar y permanecer vivo. Una existencia de este tipo se asemeja más al hecho de vegetar, y merecería tal denominación. Pensemos simplemente en lo que hemos oído en las conferencias anteriores acerca del deseo de sentido que todos los hombres tienen desde que nacen; acerca del deseo oculto en nosotros de garantizarle un sentido a nuestra existencia.

Cuando este deseo, esta lucha por encontrar un objetivo en la vida y un contenido existencial, no se puede satisfacer, entonces esto no se manifiesta sólo en el ámbito de los sentimientos, es decir, en el sentimiento de monotonía y vacío, sino que tiene también efectos negativos en el cuerpo. Así, por ejemplo, sabemos que las personas que se jubilan y que no tienen una actividad sustitutiva de igual valor psíquico que su profesión, suelen enfermar tarde o temprano; caen en un estado caquéxico y mueren relativamente pronto. También es conocido el reverso de este hecho, es decir, que la conciencia de tener una misión concreta y personal no sólo mantiene psíquica e intelectualmente a las personas mayores, sino que les preserva de las enfermedades y, con ello, de la muerte.

Podría citar a este respecto toda una serie de historias clínicas para probar y justificar lo que acabo de decir. Pero en lugar de recurrir a las historias clínicas me gustaría hacerlo a la historia de la literatura, para lo que me permito recordar que Goethe, ya anciano, había trabajado durante siete años en escribir la segunda parte de su tragedia *Fausto* cuando, en 1832, dio por terminada su tarea, después de precintar y sellar el manuscrito. Esto sucedía en enero de 1832 y en marzo del mismo año había muerto. No nos equivocamos si suponemos que esta muerte llevaba ya mucho tiempo siendo, por así decirlo, inminente. La muerte física no se pudo evitar, pero sí se pudo aplazar. Y se aplazó hasta que estuvo terminada la obra a la que el escritor había dedicado el final de su vida. Hasta entonces, es decir, durante siete años, Goethe vivió –si es que puedo decirlo así– por encima de sus posibilidades biológicas.

Tras esta digresión desde las historias clínicas hasta la historia de la literatura me van a permitir ustedes que me desvíe hacia la historia natural. Los animales que trabajan en los circos –para lo que tuvieron que ser amaestrados, por no decir que se les encomendó una tarea– viven, por término medio, más años que aquellos de su misma especie que permanecen en los zoológicos, es decir, viven más que los animales que permanecen inactivos.

Si volvemos a los hombres e intentamos obtener –una aplicación práctica de lo dicho, tenemos que insistir en lo que destaca el profesor Stransky: la urgencia de dar a las personas que se han visto obligadas a apartarse de la vida profesional la oportunidad de permanecer activas –si bien de otro modo–, en lugar de dejar que se «oxiden» descansando. Stransky ha demostrado además que este hecho de seguir realizando una actividad puede resultar beneficioso para la colectividad y cómo puede serlo. Pero para mí es más significativo el hecho de que el ser útil tiene una gran importancia psicológica. En mi opinión, el valor de estar atareado está en que deja en el anciano el sentimiento de tener un sentido a pesar de su edad.

Muchos pensarán que no está comprobado el hecho de que este sentimiento de ser útil y de tener una existencia digna de ser vivida sea tan importante desde el punto de vista psicológico. Pero, afortunadamente, yo sí puedo probarlo. Basta con tener en cuenta la psicología de las personas sin trabajo, la neurosis del desempleo, que ya trataremos más adelante, y las experiencias terapéuticas en este campo.

En el año 1933, en plena crisis económica mundial, Lazarsfeld y Zeisel, dos psicólogos vieneses discípulos de Bühler, publicaron en una revista de psicología un artículo sobre los parados de Marienthal. En él demostraban la nociva influencia que suele tener el desempleo en la vida psíquica. Este trabajo es, al fin y al cabo, una confirmación de lo que Pascal apuntara 300 años antes, pues en sus «Pensées» aparece la siguiente frase: «No hay nada tan insoportable para el hombre como el no tener una tarea, un objetivo.» Si la analizamos detenidamente, podemos darnos cuenta de que esta frase tiene relación con una tesis que yo he desarrollado y defendido en otra conferencia: mientras que Pascal habla del carácter insoportable de una vida sin tareas, yo decía entonces que no existe absolutamente nada que ayude tanto al hombre a superar las dificultades como la conciencia de realizar una tarea.

Yo mismo he hecho observaciones sobre la neurosis del desempleo que confirman esta afirmación. En cierta ocasión, estudié algunos casos de jóvenes que –debido, al parecer, a la falta de trabajo– sufrían una grave depresión. Se puede pensar que tales estados depresivos son totalmente comprensibles. Puede ser; pero lo que más me interesa es el hecho de que estas depresiones no duraran tanto como su causa aparente, el desempleo, y que se podían curar sin que variara lo más mínimo la situación de falta de trabajo. La depresión desapareció en el momento en que los jóvenes asumieron algún cargo honorífico, es decir, no remunerado, por ejemplo, en una escuela, en una biblioteca pública, o en una organización juvenil. Sea como fuere, volvieron a tener la sensación de realizar una acción buena y de no ser ya inútiles. Estos jóvenes me aseguraban a menudo: «No necesitamos el dinero, sino que queremos encontrar un sentido y un contenido a la vida.» Y podían hallarlo –y esto es lo importante– independientemente de ganar un sueldo o de tener una colocación fija. A muchos de ellos, que encontraron así un sentido a la vida y pudieron superar su depresión, les seguía sonando el estómago igual que antes, ya que seguían sin ganar dinero y teniendo poco para comer; sin embargo, la depresión había desaparecido.

Por este motivo estoy convencido de que el efecto que el hecho de permanecer en activo tiene sobre las personas mayores, alargándoles la vida y previniendo las enfermedades, no depende de si se trata de una actividad remunerada o, de acuerdo con las sugerencias de Stransky, de un cargo honorífico.

Desde el punto de vista psiquiátrico, lo importante no es que uno sea joven o viejo; no importa la edad que se tenga; lo decisivo es la cuestión de si su tiempo y su conciencia tienen un objeto, al que esa persona se entrega, y si ella misma tiene la sensación, a pesar de su edad, de vivir una existencia valiosa y digna de ser vivida; en una palabra, si es capaz de realizarse interiormente, tenga la edad que tenga. Da igual que la actividad que debe dar un contenido y un sentido a la existencia humana esté retribuida o no; desde el punto de vista psicológico, lo más importante y decisivo es que esa actividad despierte en el hombre, aunque éste sea ya anciano, la sensación de existir para algo o para alguien.

VII

LA HIGIENE PSÍQUICA DE LA MADUREZ

Al hablar de la higiene psíquica de la vejez nos referíamos sobre todo al sexo masculino; a la problemática del hombre en este momento de su vida. Pero si tratamos ahora no el proceso de envejecimiento, sino el de maduración, tenemos que dirigirnos principalmente al sexo femenino. Nos encontramos aquí con los problemas que afectan a la mujer, sobre todo a la mujer «en edad madura». El miedo que se tiene en general a estos años «críticos» se debe en parte a un malentendido, a la confusión entre «madurar» y «envejecer». Muchas mujeres que se acercan temerosas a este momento de su vida se ven dominadas por el «pánico de no encontrar ya marido», pues suponen que han empezado a envejecer.

Esto corresponde en cierto modo a la realidad; pero, en este sentido, comenzamos a envejecer muy pronto. La psicóloga Charlotte Bühler ha comprobado, por ejemplo, que físicamente estamos ya hace mucho en vías de decadencia cuando nuestra vida psíquica se acerca a su punto culminante. En otras palabras: biológicamente vamos envejeciendo mientras nuestra biografía, por así decirlo, crece. Quien se deja atrapar por el «pánico de no encontrar marido», olvida que se le abren nuevas puertas cuando se le cierran las viejas; nuevas puertas y nuevas posibilidades. Sólo aquellas mujeres que se preocupan demasiado por parecer más jóvenes tienen motivos y razones para alarmarse.

Del «pánico de no encontrar marido» se puede decir lo mismo que del miedo en general. De éste se ha afirmado que, en último término, es un miedo a la muerte. Yo quisiera completar esta idea añadiendo: el miedo a la muerte es, en el fondo, un temor de la conciencia. Y me gustaría ir más lejos; afirmar que existe también un miedo negativo de la conciencia, provocado no por ciertos hechos o acciones, sino por las oportunidades y ocasiones que se han dejado escapar en la vida.

Recordemos lo que decíamos anteriormente del deseo de sentido; de ese deseo de sentido que oponíamos al deseo de placer, al principio del placer del psicoanálisis, y al deseo de poder, al afán de valimiento de la psicología individual. Está claro que es sobre todo este deseo de sentido el que se ve perjudicado por la pérdida de las oportunidades que se habían presentado para su realización.

Entre las posibilidades que se le ofrecen a una mujer para dar un sentido a su existencia podemos destacar dos: ser esposa y ser madre. Se trata, sin duda, de dos hechos importantes. Pero qué pena si estas dos posibilidades de dar un sentido a la vida de una mujer, si estos dos valores relativos no se dejan en su relatividad, sino que se absolutizan, en una palabra, si se mitifican, si una mujer piensa que en el hecho de ser esposa y madre reside no una, sino la única posibilidad de encontrar un sentido existencial. Ya hemos escuchado en otra ocasión, y ahora lo vemos confirmado, que toda mitificación tiene malas consecuencias, ya que lleva directamente a la desesperación; o a la inversa, toda desesperación se debe al fin y al cabo a una mitificación. No se puede ocultar la importancia que todo esto tiene. Un cierto número de mujeres tienen que quedarse solteras y sin hijos. Muchas de estas mujeres se sienten «superfinas» y piensan que su vida es inútil y que su existencia no tiene sentido porque no tienen marido ni hijos. Entonces es ya simplemente una cuestión personal el que una mujer que piensa así se quite la vida o no. A no ser que se dé cuenta de la mitificación en que ha caído. Sólo entonces, cuando destruye esta mitificación, se libera también de la desesperación.

Afortunadamente, son pocas las mujeres que sacan de su desesperación la conclusión del suicidio; la mayoría rehuyen este último paso y cambian de dirección, si bien siguiendo mayormente caminos de evasión. El primer camino que se les ofrece para no caer en la desesperación, es el desprecio, el resentimiento. Al igual que el prototipo del resentimiento, la zorra a la que le parecen demasiado acidas las uvas, se miran con ojos envidiosos cosas como el amor, el matrimonio y los hijos. Se ha interpretado la palabra resentimiento como envidia de la vida; en este caso se podría hablar también de la envidia del amor. Me refiero con ello al tipo de la vieja histérica solterona, así como a la mezcla particular de mojigatería y lascivia que muestran este tipo de personas que no se han «realizado» en la vida.

La mujer que se queda soltera y sin hijos sólo escapa de la desesperación si renuncia a ella conscientemente. Pero toda renuncia ha de ser consecuencia del esfuerzo que realiza la persona. Esta renuncia es lo único que puede proteger a alguien de la mitificación y, con ello, de la desesperación. Renunciar significa comprender que un valor relativo es, efectivamente, relativo.

Todo esto resulta muy abstracto, por lo que para ser más concreto me gustaría citar un antiguo proverbio chino, que dice que todo hombre, en su vida, debe haber plantado un árbol, escrito un libro y tenido un hijo. Si se quisieran atener a este proverbio, la mayoría de los hombres tendrían que caer en la desesperación y, en consecuencia, suicidarse. Serían pocos los que estarían en condiciones de dar a su vida el sentido adecuado: aunque hubieran plantado un árbol, no habrían escrito un libro o habrían tenido una hija, o viceversa. Pero aun cuando no se mitifique el hecho de plantar un árbol, de escribir un libro y de tener un hijo, o la paternidad en general, sino la maternidad, tenemos que decir: ¡Qué pobre sería la vida si no ofreciera otras posibilidades para darle un sentido! Y añadir: ¿Cómo sería una vida cuyo sentido consistiera en casarse, tener hijos, plantar árboles y escribir libros?

Indudablemente, éstas son cosas muy importantes, pero relativas. Sólo puede ser absoluto lo que nos dicta la conciencia. Y la conciencia nos dicta que nos volvamos contra nuestro destino, que organicemos nuestro futuro, que intervengamos siempre que sea posible; pero también nos exige que estemos dispuestos a cargar con nuestro destino cuando sea necesario, y que demos al sufrimiento una orientación verdadera.

Si nos hemos rebelado contra el destino, sea a través de una acción, sea –cuando no era posible actuar– a través de una actitud, como fuere, hemos hecho lo que debíamos[1]. Entonces ya no existen los remordimientos de conciencia ni por nuestras actuaciones ni por las omisiones. Y desaparece también cualquier «pánico de no encontrar marido», ya que éste es sólo una consecuencia de la ilusión óptica que mencioné anteriormente al decir que el hombre suele ver sólo los rastrojos del carácter efímero de las cosas, pero pasa por alto los repletos graneros del carácter pasado de los hechos, olvida todo lo que ha salvado para dejarlo en el pasado, donde las cosas no están perdidas para siempre, sino que están guardadas de forma que no se pueden perder.

Quien está dominada por la continua sensación de tener que renunciar y por el «pánico de no encontrar marido», ha olvidado que la puerta que amenaza con cerrarse es la puerta de un granero repleto...

Y no se da cuenta del consuelo y la sabiduría que se desprenden de las palabras de la Biblia: «Cuando seas viejo te enterrarán, igual que se recogen, cuando llega el momento, los montones de gavillas».

VIII

LA HIPNOSIS

Normalmente se fija el nacimiento de la psicoterapia moderna, de la terapéutica psíquica contemporánea, en la publicación de los estudios realizados por Breuer y Freud sobre la histeria. Pero en esto parece haber una cierta arbitrariedad, ya que con el mismo derecho se podría afirmar que el origen de la psicoterapia coincide con el desarrollo del denominado mesmerismo, es decir, la teoría y la obra de Mesmer, quien influyó sobre todo en Viena, al igual que Breuer y Freud. Con respecto a su teoría, cabe decir que se trata de lo que el propio Mesmer denominó magnetismo animal. Pero, como hoy sabemos, este magnetismo hipotético no tiene nada que ver con el fenómeno de la naturaleza que la física de la época de Mesmer, como la de hoy, estudiaba bajo el nombre de magnetismo. Lo que Mesmer descubrió e investigó no es otra cosa que lo que hoy denominamos hipnotismo.

A este investigador le sucedió lo que a muchos otros científicos, a ciertos hombres de ciencia contemporáneos, e incluso a algunos psicoterapeutas. Me limitaré a recordar que los diversos tratamientos por shock, que han abierto una nueva era en la psiquiatría actual y han acabado, sobre todo, con el nihilismo terapéutico de la psiquiatría de ayer, han partido también de planteamientos teóricos totalmente erróneos y, sin embargo, los resultados prácticos son sorprendentes. No olvidemos, pues, lo siguiente: la hipnosis no tiene nada que ver con el magnetismo. ¿Qué es, entonces, la hipnosis?

Se trata de un estado excepcional, similar al sueño, en el que cae la persona afectada o al que le lleva el hipnotizador. ¿De qué forma especial sucede, ya que está claro que no se trata de un sueño normal, sino de un estado similar al sueño? Se hipnotiza a una persona a través de las correspondientes sugestiones. En otras palabras, la hipnosis –podemos ampliar así nuestro anterior intento de definición– es un estado psíquico excepcional, similar al sueño, que representa el resultado de unas medidas orientadas a la sugestión; en este sentido, tiene escasa importancia el hecho de que las sugestiones sean de naturaleza verbal o de otro tipo, es decir, que provoque la hipnosis invitando al paciente a recostarse cómodamente, a cerrar los ojos y a no pensar nada más que en lo que yo le digo, o la provoque de otro modo, por ejemplo, que intente causar un cansancio progresivo no a través de la sugestión verbal, sino poniendo delante de los ojos un objeto brillante y reluciente, y haciendo que lo mire fijamente; como ya he dicho, todo esto tiene poca importancia.

Pero hay que decir todavía algo más acerca de la esencia de lo que denominamos hipnosis. No es sólo el resultado de unas sugestiones, sino que constituye una base adecuada para crear otras sugestiones, si se puede decir así, más arriesgadas. Permítanme poner un ejemplo: si sostengo bajo la nariz de un hombre o de una mujer una botellita de gasolina recién abierta, no podré sugestionar en general a esa persona, es decir, hablando claramente, no la podré convencer de que se trata de un perfume, de una esencia de rosas. Pero seguramente no me resultará muy difícil convencerla, siempre que tenga una inteligencia media y muestre interés por tales experimentos, de que está cansada, de que el cansancio aumenta, de que sus miembros pesan cada vez más y más, de que se le cierran los ojos y de que cae, al final, en un estado excepcional, parecido al sueño. Cuando he conseguido que llegue a este punto, si le restriego un poco de gasolina bajo la nariz puedo estar seguro de que no me desilusionará ni –por decirlo así– me «pondrá en ridículo», sino que a mi pregunta: «Tengo un perfume, ¿lo nota?; esencia de rosas, ¿puede olerlo?», contestará: «Es cierto, ahora lo noto, huele a rosas.»

Lo que ahora me interesa es dejar bien claro que este tipo de sucesos no tiene nada, pero nada que ver con cosas como el espiritismo, el ocultismo, etc. La hipnosis –en sentido más general, la sugestión– es algo totalmente normal. No hay nada sobrenatural en este fenómeno, aunque haya artistas de variedades y charlatanes de psicología que se preocupen por darle un aire sobrenatural o de atribuirse a sí mismos una aureola de conocimientos y poderes superiores. De lo que se trata es, en una palabra, de desmitificar el hipnotismo.

Con todo esto se intenta también eliminar los accesorios mágicos y despojar a los métodos de sugestión de esa atmósfera sobrenatural, pues –utilizando palabras de Ernst Kretschmer–, la aureola del curandero mágico no es compatible con la actitud del médico que ha recibido una formación científica. Y, me gustaría añadir, el médico no debe permitir que le impongan este papel indigno ciertos pacientes, que prefieren un tratamiento y una cura psicoterapéutica de sus males que les ahorre toda decisión, cuando nosotros sabemos lo mucho que depende el efecto de la psicoterapia precisamente de la decisión personal del paciente.

Quedan todavía por abordar algunas cuestiones que los profanos en la materia plantean frecuentemente al neurólogo. Son preguntas como: ¿Quién puede hipnotizar? ¿Quién puede ser hipnotizado? ¿A quién le está permitido hipnotizar? ¿Existen delitos basados en el hipnotismo? Con respecto a la primera pregunta cabe decir que puede hipnotizar cualquiera que tenga los suficientes conocimientos técnicos y posea además lo que yo denomino tacto psicológico. La enseñanza de los distintos procedimientos técnicos es, lógicamente, una parte de la formación médica. A mí no se me ocurriría nunca dar desde aquí las indicaciones correspondientes, ya que ninguno de mis oyentes adquiriría así la preparación necesaria para hipnotizar; en cambio, podría dormir a alguien, y no precisamente de aburrimiento. Un sueño de este tipo tampoco sería una desgracia: son cerca de las 11 de la noche, y puedo garantizar que a la mañana siguiente la persona afectada se despertaría a su hora, sin tener que recibir para ello órdenes posthipnóticas. Una clínica alemana ha empezado a hipnotizar a sus pacientes con ayuda del teléfono, del gramófono o del magnetófono, para liberarles de cualquier tipo de dolor molesto. Me gustaría decir que esto es típico de nuestra época; representa uno de los intentos característicos de nuestro tiempo de combinar el mito y la técnica. Pero la clínica mencionada al menos no ha colectivizado su hipnosis tecnificada, mecanizada, sino que la limita a determinados pacientes.

Y esto es importante, pues no tiene éxito siempre. Recuerdo que cuando, de joven, trabajaba como médico en el departamento de cirugía de un hospital de Viena, mi jefe me encomendó la honorable y prometedora tarea de hipnotizar a una ancianita. La quería operar, pero ella no soportaría la anestesia normal, y no se le podía aplicar, por el motivo que fuera, anestesia local. Así pues, intenté dejar a la anciana insensible al dolor mediante la hipnosis, y el intento dio buen resultado. Sólo que «había hecho la cuenta sin contar con el huésped», pues entre las alabanzas de los médicos y las palabras de agradecimiento de la paciente se mezclaban los reproches más amargos y duros de la enfermera que había ayudado en la operación; según me explicó después, había tenido que luchar con toda su fuerza de voluntad contra la somnolencia que mi monótona sugestión provocó no sólo en la enferma, sino también en ella, en la enfermera.

Otra vez, siendo también joven, me ocurrió en un departamento de neurología lo siguiente: mi jefe me había pedido que provocara mediante la hipnosis el sueño tan deseado a un paciente que ocupaba una habitación con dos camas. Por la noche, ya tarde, me introduje de puntillas en la habitación, me senté en la cama del enfermo en cuestión y repetí durante media hora por lo menos las siguientes sugestiones: «Está usted muy tranquilo, se encuentra cansado, tiene cada vez más sueño, respira con suavidad, le pesan los párpados, las preocupaciones están lejos, se va a dormir usted en seguida». Así durante media hora. Cuando me iba a marchar, de puntillas otra vez, pude comprobar, decepcionado, que no había ayudado en nada al paciente. Pero me quedé muy sorprendido al día siguiente, cuando, al entrar en la habitación, fui recibido con esta alegre exclamación: «Qué bien he dormido esta noche; pocos minutos después de que usted empezara a hablar estaba ya sumido en un profundo sueño.» Quien decía estas palabras era el otro paciente, el compañero de habitación del enfermo a quien yo debía hipnotizar.

Pasemos a contestar brevemente la segunda pregunta: ¿Quién puede ser hipnotizado? En general, se puede decir que cualquiera, con excepción de los niños y los enfermos mentales. Pero la hipnosis sólo tiene éxito cuando la persona a la que se hipnotiza está interesada en ello, y no desde el punto de vista teórico, sino práctico. Debe tener interés, por ejemplo, en que le desaparezca un síntoma mediante la hipnosis. El deseo de restablecerse es, pues, una condición previa. No es en modo alguno cierta la idea tan difundida de que sólo se puede hipnotizar a las personas con una voluntad débil.

¿A quién le está permitido hipnotizar? Puesto que la hipnosis constituye una medida psicoterapéutica y, de acuerdo con la legislación austríaca, la psicoterapia sólo puede ser ejercida por el médico, únicamente le está permitido hipnotizar al médico, y sólo con fines terapéuticos. Aunque el efecto de la hipnosis no sea siempre terapéutico, el motivo sí tiene que serlo. ¿Qué sucedería si el motivo no fuera terapéutico, sino, por el contrario, criminal? ¿O si el efecto de la hipnosis estuviera planeado de forma que fuera un efecto criminal? ¿Qué sucede –en otras palabras– si el hipnotizador hipnotiza con malas intenciones o si obliga a su médium (qué término más ridículo, como si la hipnosis tuviera algo que ver con los espíritus) a hacer algo malo? Diremos brevemente que en la hipnosis o a través de ella nunca se lleva a cabo algo que no responda ni se ajuste de algún modo a la voluntad de la persona afectada. En la hipnosis, y mediante ella, sólo sucede aquello con lo que el hipnotizado está de alguna manera de acuerdo.

Un conocido psiquiatra de Viena apoyaba también esta opinión. En cambio, la combatía una estrella de las variedades, no menos famosa en su momento, por no decir temida. Para desacreditar a los científicos, este hipnotizador de un teatro de variedades hipnotizó un día a su «médium» femenina, le puso una pistola en la mano y le dio la sugestión posthipnótica de ir a la consulta del psiquiatra mencionado y matarlo allí mismo de un tiro. ¿Qué sucedió? ¿Qué hizo la mujer? Hizo lo que le habían ordenado; pero cuando había apuntado con la pistola al médico, la dejó caer sin disparar. Se había desacreditado, así, el iniciador del experimento, precisamente dirigido a demostrar que es posible realizar un crimen en estado hipnótico: no se llevó a cabo el atentado. Pero, aunque se hubiera verificado, la «victima» habría tenido razón, pues debo revelarles que la víctima no habría sido tal, sino que habría seguido sana y con vida, ya que la pistola en cuestión era de juguete, y la asesina, que no era tal, sabía perfectamente que la pistola tampoco lo era.

IX

LA ANSIEDAD Y LA NEUROSIS DE ANSIEDAD

Si por terapéutica psíquica entendemos la psicoterapia, su objeto es el tratamiento de las neurosis. Dentro de éstas distinguimos principalmente dos tipos: las neurosis de ansiedad y las neurosis obsesivas, según qué síntomas se encuentren en un primer plano, un estado de ansiedad o una obsesión. Hoy vamos a hablar de las neurosis de ansiedad. Se podría pensar que la frecuencia de esta enfermedad ha aumentado últimamente en nuestro siglo. En todas partes se oye hablar de la ansiedad; se dice, por ejemplo, que vivimos en la época de la ansiedad, o se habla de la ansiedad como una enfermedad occidental. Pero, en realidad, no se trata de comprobaciones científicas, sino de simples habladurías. Así, el doctor Freyhan, psiquiatra americano, ha comprobado que en épocas anteriores sentían seguramente más miedo y tenían más motivos para sufrir esta ansiedad que nuestros contemporáneos. Se refiere, sobre todo, a la época de la quema de las brujas, de la peste, del tráfico de esclavos y de las grandes migraciones. La ansiedad de nuestro tiempo no ha disminuido sólo en comparación con siglos anteriores, sino también en relación con los últimos decenios, lo que está claramente expresado en las estadísticas. Éste es precisamente el tema de un trabajo del profesor Hirschmann, quien ha comprobado que, en los últimos años, no sólo ha permanecido constante la cifra de enfermos mentales –esto ya se sabía, e incluso yo lo he mencionado ya en una de mis conferencias anteriores–, sino también la de las neurosis, que no ha aumentado ni disminuido. Lo que ha cambiado, a lo sumo, son los síntomas; en este sentido hay que decir que más bien se ha producido una disminución de los estados de ansiedad.

Preguntémonos por las causas que provocan una neurosis de ansiedad. Los profanos en la materia suelen creer que una neurosis surge a causa de un shock o de lo que ellos imaginan bajo este concepto; o se dice que el origen de la neurosis de ansiedad es un trauma psíquico, es decir, un tipo de trastorno psíquico, una vivencia traumática que el enfermo ha sufrido con anterioridad, sobre todo en su primera infancia; también se dice que esta forma de neurosis se debe –usando una expresión de moda– a un complejo. Pero ninguna de éstas es la causa auténtica y verdadera de la neurosis de ansiedad. El hecho de que un trauma psíquico, es decir, una vivencia difícil, tenga a la larga un efecto nocivo sobre una persona depende de la propia persona, de la estructura de su carácter, pero no de la vivencia que ha tenido que sufrir.

El fundador de la psicología individual, Alfred Adler, solía decir: «Las experiencias las hace el hombre.» Quería decir con ello que el hecho de que una persona se deje influenciar o no por el medio ambiente y cómo se deja influir depende sólo de ella misma. Además, las vivencias con consecuencias negativas desde el punto de vista psíquico se dan de forma tan general y son tan frecuentes en cada uno, que no pueden ser la verdadera causa de la enfermedad. Yo realicé en cierta ocasión una prueba para demostrarlo. Encargué a una colega del departamento de neurología donde trabajaba que preguntara a una serie de pacientes neuróticos, escogidos al azar, qué conflictos y traumas psíquicos de distinto tipo les habían sido diagnosticados. A continuación le pedí que hiciera la misma pregunta a una serie igual de pacientes de nuestro departamento, elegidos también al azar, que no eran enfermos mentales, sino que padecían trastornos nerviosos orgánicos. El resultado fue sorprendente, incluso para mí mismo. Comprobamos que conflictos y vivencias iguales y de idéntica gravedad se daban con mucha mayor frecuencia entre los pacientes orgánicos pero mentalmente sanos que entre los pacientes físicamente sanos, que habían acudido a nosotros debido a su enfermedad mental, a su neurosis. Vivencias del mismo tipo y de igual gravedad habían dañado psíquicamente a un grupo y al otro no. Así pues, la neurosis no se debe a una vivencia, al medio ambiente, sino a las distintas personas y a su actitud ante lo que han tenido que sufrir.

Por ello, no tendría ningún sentido realizar una profilaxis de las neurosis, es decir, querer proteger a los hombres contra esta enfermedad psíquica evitándoles cualquier conflicto o cuestión difícil. Sería más indicado «endurecerles» psíquicamente antes de la vivencia. Está comprobado experimentalmente, desde hace tiempo, que las situaciones de apuro y crisis exterior van acompañadas de una disminución de las neurosis. A menudo se observa en la vida de un hombre que una carga (lógicamente, no me refiero a una tara hereditaria, sino a una carga en el sentido de un esfuerzo) tiene efectos psíquicos favorables. Yo suelo comparar esto con el hecho de que se puede sujetar y reforzar una bóveda que está en ruinas poniéndole peso encima. Se ha podido comprobar también que las situaciones de descarga, es decir, la supresión de una carga psíquica grave, son peligrosas desde el punto de vista psicohigiénico. Pensemos simplemente en la liberación de un preso tras un cierto período de cautiverio. No pocos hombres han vivido precisamente entonces, tras la liberación, una auténtica crisis psíquica, mientras que cuando estaban presos, sometidos a una presión exterior e interior, se veían obligados y permanecían dispuestos a dar lo mejor de sí mismos y a hacer todo lo que fuera necesario. Si la presión cede de pronto, al igual que en la liberación tras un período de cautiverio, esta descarga pone en peligro al hombre. Esta situación recuerda en cierto modo a la denominada «enfermedad de los buzos», en la que un buzo que sube muy repentinamente a la superficie puede llegar a morir por la rápida reducción de la presión que soporta su cuerpo.

Lo mismo sucede cuando alguien se aparta de pronto de su vida profesional y se ve libre de los continuos esfuerzos que estaba acostumbrado a realizar durante casi toda su vida. Me refiero a la crisis psíquica que puede acompañar a la jubilación si no se previene asumiendo nuevas tareas. Podría citar también a este respecto la denominada «neurosis del domingo», tendencia a la desazón que suele afectar a ciertas personas durante el fin de semana, es decir, precisamente cuando el hombre ya no se encuentra bajo la presión de la actividad de los días laborables, sino que puede, por fin, «respirar»; es entonces cuando se da cuenta de su vacio interior, de su falta de contenido psíquico-intelectual y de la carencia de una tarea que esté más allá que el tener que ganarse la vida a diario y le permita considerar la existencia como algo digno de ser vivido. No es de extrañar que el profesor Plügge, internista y director de un hospital de Heidelberg, comprobara en la revisión y examen psíquico de cincuenta personas que habían intentado suicidarse, que el motivo verdadero de que estuvieran cansados de la vida no era la pobreza o la enfermedad, un complejo o un conflicto, sino un indescriptible vacío interior, resultado de una existencia, al parecer, sin sentido.

Un grupo de profesores de la clínica universitaria de medicina Gustav von Bergmann, en Munich, han demostrado, a partir de sus investigaciones con personas que habían estado presas en campos de concentración, que cuando estas personas abandonaron su prisión, es decir, cuando fueron liberadas de la presión a que estaban sometidas, comenzaron a padecer enfermedades internas como, por ejemplo, trastornos cardíacos, pulmonares, gastrointestinales y metabólicos. Los investigadores se preguntaron qué es lo que mantiene al hombre física y psíquicamente sano, si una descarga repentina le puede causar las mismas enfermedades que una carga excesiva. La respuesta es que el hombre, si quiere conservar su cuerpo y su mente sanos, necesita tener, sobre todo, un objetivo razonable en la vida, una tarea adecuada para él, en una palabra, que la vida le exija siempre algo a lo que él pueda hacer frente. Esto está en relación con un tema que ya hemos tratado anteriormente y que yo creo que donde mejor formulado está es en la siguiente tesis de Nietzsche: «Quien tiene un porqué para vivir, soporta casi cualquier cómo.» Es decir, quien conoce el sentido de su existencia, él, y sólo él, está en condiciones de superar todas las dificultades.

Desde el punto de vista terapéutico tenemos que aprovechar también este hecho, esta ley fundamental de la existencia humana. Y esto afecta a las personas que sufren una neurosis de ansiedad, las cuales pueden salir del círculo vicioso de sus ideas llenas de ansiedad no sólo aprendiendo a desviar la atención de su síntoma, sino también dedicándose a algo. Cuanto más pone el enfermo en el primer plano de su conciencia algo que puede dar valor y sentido a su vida, más pasan a un segundo plano vivencial su propia persona y, con ello, sus necesidades personales. Por tanto, para eliminar un síntoma, a veces es mucho más importante desviar la atención de él que buscar complejos y conflictos.

En el diario de un párroco rural de Bernanos se encuentra la siguiente frase: «Odiarse es más fácil de lo que se piensa; la gracia consiste en olvidarse.» Modificando esta afirmación podemos expresar lo que las personas neuróticas no suelen apreciar: más importante que despreciarse u observarse demasiado es olvidarse totalmente de sí mismo, es decir, no volver a pensar en sí mismo ni en los sucesos interiores, sino entregarse a una tarea determinada, cuya realización se le exige y le está reservada a uno personalmente. Tal como indica Hans Trüb, sólo a través del mundo podremos encontrarnos a nosotros mismos. Y entregándonos a algo formamos nuestra propia persona. A través de la contemplación y observación de nosotros mismos, dejando girar nuestro pensamiento en torno a nuestra ansiedad, no nos liberaremos de ella; ésta sólo desaparecerá si renunciamos a nosotros mismos, si nos entregamos y nos ofrecemos para algo digno. Éste es el secreto de toda formación de sí mismo, y nadie lo ha expresado mejor que Karl Jaspers al hablar de la «falta de base de la existencia humana que se basa sólo en sí misma», al decir del hombre que «se hace hombre al darse a los demás» y cuando escribe: «lo que el hombre es, lo es a través de lo que hace suyo.»

En otras palabras, la existencia humana se caracteriza en el fondo por su auto-trascendencia. Lo que quiero subrayar con ello es el hecho de que ser hombre por encima de sí mismo apunta hacia algo que no es uno mismo, hacia algo o hacia alguien: hacia un sentimiento que se puede alcanzar o hacia otro ser humano al que amamos. Y sólo en la medida en que el hombre va más allá de sí mismo, se realiza también a sí mismo: en el servicio a algo o en el amor hacia otra persona. Cuanto más se entrega a su tarea, cuanto más se entrega a su pareja, es más persona, es más él mismo.

X

EL INSOMNIO

La conferencia de hoy comienza algo más tarde que las anteriores, a una hora en la que quizá algunos de mis oyentes habrán pensado ya en irse a dormir. Es lógico, por tanto, que al buscar un tema apropiado para la emisión de hoy hayamos pensado en el problema del sueño como una cuestión psicoterapéutica, es decir, en el problema de la perturbación del sueño. Este tema le interesa bastante al profano en la materia, que normalmente sólo empieza a reflexionar sobre el sueño cuando algún trastorno le impide dormir. Un caso similar es el del hombre que sólo piensa en el corazón como órgano, comienza incluso a sentirlo, cuando tiene, por ejemplo, palpitaciones.

El paciente que acude al médico porque padece una perturbación del sueño no suele utilizar este término, sino que habla normalmente de insomnio. Como si se diera alguna vez un insomnio auténtico. El denominado insomne, que se «autodescribe» como tal, se está engañando a sí mismo, pues por la noche duerme de hecho algunas horas, pero por la mañana está dispuesto a jurar que no ha dormido ni durante un momento. Esta persona está sujeta necesariamente a este engaño, y no exagera de forma más o menos consciente. Este engaño de sí mismo es similar al de las personas que aseguran que nunca sueñan, cuando en realidad lo que les suele pasar es que olvidan sus sueños.

En lo que respecta a la perturbación del sueño, cabe decir que los somníferos, esto es, todos los medicamentos destinados a provocar el sueño por vía química, no constituyen una verdadera terapia. Antes bien, si se consumen de forma habitual, a la larga nunca son del todo inofensivos. Sin embargo, no se puede oponer nada contra el hecho de que se utilicen de vez en cuando; en el caso de un estado de excitación debido a cualquier tipo de conflicto o problema, siempre será mejor que la persona afectada se asegure el sueño con ayuda de los somníferos, es decir, mediante esta «muleta» química –por así decirlo–, que no que –demasiado orgulloso para llevar esta muleta o demasiado perezoso para acudir al médico– pase largas noches insomnes, hasta que... ¿Qué sucede entre tanto? Entre tanto se ha resuelto el problema o ha desaparecido el conflicto, pero el insomnio perdura ahora no por una causa exterior, sino por un motivo interior, ya que durante ese intervalo la persona afectada ha empezado a tener miedo al insomnio, y este temor es capaz de ahuyentar el sueño: se trata de un mecanismo de la ansiedad de expectativa, que hace que un síntoma en sí inofensivo y pasajero provoque en el paciente afectado determinados temores; éstos fortalecen el síntoma en cuestión, y este síntoma agravado incrementa a su vez los temores del enfermo. Podemos hablar en este caso de un círculo vicioso en el que cae el paciente. Egon Fenz habla, de forma quizá más adecuada, de una espiral en la que la enfermedad va ascendiendo. En cualquier caso, el paciente se va encerrando cada vez más en su ansiedad de expectativa como en un capullo: al principio tiene todavía la esperanza de que el síntoma desaparezca pronto, luego teme que se presente y al final está convencido de ello.

¿Qué se puede hacer desde el punto de vista médico? Mejor dicho, ¿qué puede hacer el paciente contra esta ansiedad de expectativa, en este caso contra el temor que le impide conciliar el sueño, el miedo a pasar la noche sin dormir? Se apodera de él una ansiedad que puede progresar hasta el denominado «miedo a la cama»: la persona que padece perturbaciones del sueño está cansada durante el día, pero a la hora de acostarse –al ver la cama– le aterroriza la idea de una noche de insomnio, se inquieta y excita, y esta misma excitación le impide dormir. Comete entonces el mayor error en que podía incurrir: espera impaciente al sueño. Sigue con viva atención lo que sucede dentro de sí mismo; pero cuanta más atención pone, menos capaz es de relajarse para poder dormir, pues el sueño no es otra cosa que la relajación total. Aspira conscientemente a dormirse, pero el sueño no es nada más que la sumersión en la inconsciencia. Así, el hecho de pensar en él y de quererse dormir, sólo sirve para impedir que se duerma.

Conozco a un hombre que tenía graves dificultades para conciliar el sueño. Un día consiguió dormirse, como siempre, con gran esfuerzo; entonces le asustó algo en su sueño poco profundo, le dio la sensación de que quería resolver algo, de que tenía que hacer algo. Se despertó y entonces se acordó de lo que quería: dormirse. Esto me recuerda a una figura de una farsa, un anciano que se pregunta constantemente: «¿Qué quería yo decir? Ah, es verdad, no quería decir nada.»

Lo que en realidad sucede es lo que Dubois dijo en cierta ocasión: que el sueño es como una paloma, que se posa en la mano si se mantiene ésta quieta, pero que echa a volar en cuanto se la intenta agarrar. Al sueño también se le ahuyenta en cuanto se le intenta atrapar, y cuanto más se intenta, más se ahuyenta. Quien espera impaciente al sueño y se observa por ello a sí mismo con miedo, lo asusta.

Pero, ¿qué hay que hacer? Sobre todo una cosa: olvidar la ansiedad de expectativa, el miedo a una noche insomne y tener presente algo que es indispensable y muy importante que se sepa: que el sueño que el organismo necesita indispensablemente lo provoca él mismo sea como sea. Esto es necesario saberlo, y a partir de aquí, crear lo que denominaría la confianza en el propio organismo. En realidad, este mínimo de sueño es distinto en cada persona. Lo importante no es la duración, sino la cantidad, que es el producto de la duración y la profundidad. Hay personas que no necesitan dormir mucho tiempo porque tienen un sueño muy profundo. Además, en una misma persona varía la profundidad del sueño a lo largo de una noche, por lo que se puede clasificar a las personas según su curva de sueño. Unas lo tienen más profundo a medianoche, y en otras alcanza su máxima profundidad por la mañana. Si se le priva a una de estas últimas de unas horas de sueño por la mañana, se les quita una mayor cantidad de sueño que a otra cuya curva de sueño desciende ya al acabar la noche.

Así pues, no hay que tener miedo a las consecuencias que puede tener la perturbación del sueño para la salud. Pero hay también algo más: la persona que tenga problemas para dormirse, cuando se acuesta, puede pensar en todo menos en el problema del sueño, en el insomnio, etc. Es mejor que piense en los acontecimientos del día que acaba; debe pasarles revista con sus «ojos del espíritu». Esto resulta más beneficioso que si reprime las preocupaciones y los problemas y los expulsa de su conciencia, pues en tal caso es posible que perturben o alboroten, al menos, sus sueños. Pero no es suficiente el propósito de no pensar en el sueño, ya que esto nos obliga a pensar en él. Le sucede a uno entonces lo que a aquel hombre al que se le había prometido que podría convertir el cobre en oro, pero sólo con la condición de que durante los diez minutos que duraba el proceso de transformación no pensara en ningún camaleón; a partir de entonces, no era capaz de pensar en otra cosa más que en este extraño animal, en el que no había pensado en toda su vida.

Si es cierto lo que he afirmado anteriormente, es decir, que el esfuerzo y la voluntad de dormirse ahuyentan al sueño, ¿qué sucedería si alguien se acuesta y no intenta dormirse, no se esfuerza por nada o se esfuerza por algo que no es alcanzar el sueño? El éxito estaría garantizado: se dormiría inmediatamente. En una palabra, en el lugar del miedo ante el insomnio debe estar precisamente la intención de pasar una noche sin dormir, esto es, la renuncia consciente al sueño: esto es suficiente para garantizarlo. Basta con proponerse simplemente: «Esta noche no quiero dormir, sólo quiero relajarme y pensar en las vacaciones pasadas o en las próximas.» Si, como hemos visto, el hecho de querer dormir ahuyenta el sueño, el desear el insomnio, paradójicamente, lo provoca. Pues, al menos, no se teme ya el insomnio, y se está así en el mejor camino para caer en el sueño.

Para acabar, sólo unas palabras sobre las interrupciones del sueño. ¿Qué debe hacer una persona que se duerme al acostarse pero se despierta por la noche? Ante todo, no debe hacer lo que, por desgracia, suelen hacer estas personas: no debe encender la luz, ni mirar el reloj, ni coger un libro, ni pensar en sus planes profesionales para el día siguiente. Lo único que debe hacer es buscar el final de lo último que ha soñado y pensar en ello. En una palabra, no hay que llegar al extremo de salir del estado de somnolencia. Y, ¿qué se debe hacer cuando uno se despierta por la mañana, pero demasiado temprano, cuando, por ejemplo, le despiertan unos vecinos que hacen ruido? Sólo una cosa: no enojarse por este molesto incidente, pues ello le impediría volver a dormir. Pero tampoco se debe hacer de este enfado un camaleón y enfadarse precisamente por el enfado. No hay nada que enoje más a una persona enfadada que el hecho de que le digan: «Hombre, no te enfades.» Así, lo que ayuda a una persona que se ha despertado y no se enfada, es el imaginarse, por ejemplo, que en ese momento, tan temprano, tuviera que salir de la cama y realizar un trabajo desagradable. En cuanto se abandona a estas fantasías, le invade una especie de pereza que hace que tarde o temprano se vuelva a dormir. Con esto llego al final de mis explicaciones sobre las perturbaciones del sueño, y me gustaría que esta conferencia a una hora tan tardía hubiera provocado en algunos de mis oyentes el grado de pereza y de cansancio suficiente para garantizarle, al menos hoy, una buena noche.

XI

LA HIPOCONDRÍA Y LA HISTERIA

Hoy vamos a hablar de dos enfermedades psíquicas cuyo nombre procede del griego antiguo, pero que a pesar de ser palabras extranjeras están en la boca de muchos profanos en la materia. «Eres un hipocondríaco» o «es usted una histérica» no son sólo frecuentes diagnósticos elaborados por los profanos, sino que se han convertido en palabras injuriosas. Éste es para nosotros un motivo suficiente para ponerlas bajo la lupa de nuestras consideraciones y observaciones, que, si bien van dirigidas a todo el público en general, también quieren conservar un cierto carácter científico.

Podemos partir de nuevo de un caso concreto. En cierta ocasión, llegó a nosotros una paciente que padecía desde hace mucho tiempo trastornos cardíacos, pero lo que tenía en realidad era un miedo atroz a que tras estas molestias se escondiera una auténtica enfermedad del corazón, que tarde o temprano podría causarle la muerte. Había llegado a tal extremo su temor, que la mujer había pasado varios meses sin salir de casa, y si lo hacía, era sólo acompañada, pues tenía miedo a que le sucediera algo por la calle o que le diera un colapso. Al analizar la anamnesis de estos temores típicamente hipocondriacos pudimos comprobar que la enferma había padecido con anterioridad una auténtica, si bien leve, afección cardíaca como consecuencia de una gripe. El médico le había aconsejado que le hicieran un electrocardiograma, y al tener en las manos los resultados de este examen, movió la cabeza y dijo: «Vaya, un trastorno miocárdico.» Es lo único que le faltaba a nuestra paciente. En el diagnóstico «trastorno miocárdico» vio más o menos una sentencia de muerte. Qué razón tenía Karl Kraus cuando escribió en cierta ocasión: «Una de las enfermedades más generalizadas es el diagnóstico.» Se refería con ello a que algunos enfermos sufren, más que por la enfermedad en sí, por el hecho de que esa enfermedad ha sido diagnosticada, y esta etiqueta «duele», por así decirlo. *Semper aliquid haeret,* siempre queda algo adherido, algo pegado; y el hombre, sobre todo el enfermo, tiende a considerar un diagnóstico como un pronóstico desfavorable.

Pero volvamos a nuestra enferma. Al día siguiente de conocer el diagnóstico se encontró con una amiga. ¿De qué hablaron? Lógicamente, de su trastorno miocárdico. Y la amiga le dijo: «Ah, mi hija padece también un trastorno miocárdico y ha sufrido muchos colapsos.» Esto hizo que nuestra paciente comenzara a temer que le sucediera a ella lo mismo. Y ya sabemos por conferencias anteriores que el temor provoca precisamente aquello de lo que nos asustamos. Como el deseo es el padre del pensamiento, la ansiedad es la madre del acontecimiento, en este caso, la enfermedad. El miedo que nuestra paciente le tenía al colapso determinó todo tipo de sensaciones falsas. Por este motivo, acudió repetidas veces al médico, hasta que le hicieron otro electrocardiograma. El resultado del examen fue totalmente normal, pero los trastornos continuaban. ¿Qué hizo el médico? Le explicó a su paciente que todo era nervioso, que se lo imaginaba, que estaba convencida de tal idea y que tenía que olvidarla. Pero esto no le sirvió de nada a nuestra paciente, pues ella se sentía enferma y creía que el médico daba poca importancia a sus dolencias. «Lo que yo siento –se decía ella– lo siento de verdad, y seguro que no es normal.» La afirmación de su médico de que no le pasaba nada, al menos nada orgánico, sólo provocó una actitud de protesta que hizo que la atención de nuestra paciente se fijara cada vez más en sus falsas sensaciones.

Estas personas olvidan que no existe un «simple» nerviosismo, pues el nerviosismo es ya una enfermedad. Pero aparte de esto, las falsas sensaciones nerviosas surgen, sobre todo, como hemos dicho, por la atención excesiva, primero comprensible, pero luego infundada, que se pone en el órgano enfermo, en este caso, el corazón. Estos pacientes deben darse cuenta de que a una persona sana le basta con dirigir su atención durante unos minutos hacia su mano para sentir en ella una sensación falsa (hormigueo, pulsaciones, etc.). Son sensaciones molestas que seguramente no significan nada. Tampoco deben olvidar estos enfermos que es preferible tener cualquier sensación molesta y que el médico asegure que detrás de ella no se esconde ningún trastorno orgánico, a no sentir nada pero que a pesar de todo exista una enfermedad peligrosa y traidora que transcurre sin que nos demos cuenta. En cualquier caso, quisiera dar a todas las personas que tienden a exagerar sus temores hipocondríacos el consejo de que es mejor que hagan a su médico dos preguntas de más que una de menos. No olvidaré nunca el ejemplo que me dio una paciente hipocondríaca cuando yo le decía que no le pasaba nada (al menos, nada aparte de su ansiedad y su temor a enfermar) y ella objetaba: «Oh, no, doctor, sé con seguridad que estoy muy enferma; sé lo que me pasa, pues lo he leído claramente en los resultados de mi examen radiológico: padezco un corpulmo.» Yo le pregunté si aparecían allí también las siglas s.h., y ella asintió. Entonces le expliqué que corpulmo significa corazónpulmón y que s.h. es lo mismo que decir sin hallazgos, estado normal. Si hubiera preguntado antes habría obtenido más pronto una respuesta tranquilizadora.

Pero, si es poco cordial que nos limitemos a despachar a estas personas que sufren –si bien sólo tienen miedo a enfermar– considerándolas hipocondríacas, peor es cuando las caracterizamos como histéricas. Pues el diagnóstico, mejor dicho, la calificación caracterológica de una persona como histérica se considera siempre como algo injurioso; desde hace tiempo, es más un estigma moral que una calificación psicológica. ¿Qué entiende la psiquiatría moderna por histeria? En primer lugar, hay que hacer una distinción entre los mecanismos y las reacciones histéricas, por un lado, y el carácter histérico, por otro. El psiquiatra de hoy en día no considera ya la histeria como una verdadera enfermedad, como en la teoría clásica de Charcot, es decir, la denominada «gran histeria» con sus ataques y parálisis; se ha dado un cambio de síntomas. En lo que se refiere al carácter histérico, hay que citar como rasgos principales los siguientes: 1. la falsedad de tales personas; 2. su egoísmo patológico; 3. su carácter interesado. Estas personas son falsas, se las considera excéntricas, en ellas todo es exagerado, y esto se debe, al fin y al cabo, a una oposición que intentan igualar y compensar. Estas personas padecen, en el fondo, una pobreza de vivencias, y esto es lo que provoca en ellas una sed de vivencias. Puede ser que la particular sugestibilidad de estas personas o su disposición a la conversión –es decir, su capacidad de expresar físicamente, a través de enfermedades orgánicas ciertos contenidos psíquicos– representen las compensaciones de la pobreza interior que les caracteriza. A esto hay que añadir como segunda característica típica la frialdad interior, el cálculo frío, el hecho de que en el histérico todo se utiliza como un medio para conseguir un fin al servicio de su egoísmo;

y así, actúa siempre de forma teatral, lo calcula todo para que tenga un efecto determinado y todo en él es ficticio y afectado.

Para curar a una de estas personas habría que convertirla en otra totalmente distinta, habría que reeducarla. Si esto es posible y en qué medida lo es, es una cuestión cuya respuesta sería demasiado complicada para los profanos en la materia. Sólo cabe decir una cosa: el histérico está representando una obra de teatro, y en ese teatro él es el director. Si nosotros hacemos de espectadores favorecemos su histeria, tomamos parte en el juego y agravamos así su enfermedad. Si le queremos ayudar todo lo que podamos, tenemos que preocuparnos de que no tenga público, tenemos que privarle del efecto de los espectadores. La forma en que esto se haga depende de los distintos casos aislados. Además, esta cuestión sólo la pueden resolver los médicos, ya que ellos son los únicos que saben cuándo están realmente delante de un caso de histeria. He visto docenas de casos en los que personas que no eran médicos habían diagnosticado una histeria y en realidad se trataba de una enfermedad orgánica. (De hecho, la legislación austríaca sólo permite ejercer la psicoterapia a los médicos.) Pero si se trata realmente de un caso de histeria, de un síntoma histérico, de un teatro histérico, me gustaría ilustrarles con un suceso real el principio terapéutico mencionado anteriormente: hay que quitarle a la histeria su efecto.

Había una vez una larga fila de gente delante de una oficina. Una mujer se apartó de la masa, se adelantó hasta el empleado encargado del orden y le dijo: «Señor, tiene que dejarme pasar. Estoy enferma del corazón y si estoy mucho tiempo de pie me da un colapso. ¿Y qué provecho saca usted? Sólo molestias. Tiene que pedir auxilio y todo eso. Ya lo verá, me le voy a desmayar.» El empleado –diagnosticando intuitivamente la salud orgánica y el carácter histérico de su interlocutora– respondió tranquilamente: «Bueno, no se me va a desmayar: es usted la que se desmayará.» En una palabra, quien lleve la dirección del teatro histérico, que responda también de esa dirección: el paciente paga las consecuencias.

La habilidad terapéutica comienza precisamente en el punto en que es capaz de detener un mecanismo histérico sin dañar al paciente, pues, tal como hemos dicho anteriormente, la histeria también es una enfermedad.

XII

ALGUNAS CONSIDERACIONES EN TORNO AL AMOR

Según las canciones de moda, en el mundo sólo hay una cosa lo suficientemente importante y, sobre todo, lo suficientemente digna para vivir por ella: el amor. ¿No afirma, al fin y al cabo, algo parecido el psicoanálisis, si bien expresado en formulaciones científicas? El eminente psiquiatra suizo Ludwig Binswanger opone a la filosofía de Martin Heidegger una teoría propia, en la que en el lugar de lo que según Heidegger caracteriza a la existencia humana (*menschliches Dasein*), esto es, el estar preocupado (*In-Sorge-Sein*), coloca el amor o, tal como lo expresa el propio Binswanger, la coexistencia de los hombres que se aman, que crea lo que él denomina «el nosotros» (*Wirheit*), Vemos, así, que la palabra amor es una expresión que responde a conceptos diferentes: unas veces –en las canciones de moda– significa flirteo, otras veces –en el psicoanálisis– la pulsión sexual como una forma de dejarse llevar por lo fisiológico y por lo biológico; por último, se habla del amor en el sentido puramente ontológico o antropológico en que el «análisis existencial» de Binswanger utiliza el término. Y según en qué sentido se hable del amor, es correcto o erróneo hablar de él como el centro o el punto culminante de la existencia humana.

A la vista de la cuestión de lo que es el amor, quizá sea mejor que partamos de la pregunta sobre lo que no es amor. Si hiciéramos caso a las canciones de moda, ¿qué no sería amor? Ninguna persona imparcial admitiría que es amor lo que siente un hombre que afirma querer a una muchacha, a la que acaba de conocer y que posee las cualidades que él más valora: pelo rubio y ojos azules. Parece más acertado pensar que en este caso se trata de algo instintivo. Tampoco se hablaría de amor en el más estricto sentido de la palabra en el caso, por ejemplo, de una persona que admira a una estrella de cine, aunque en este caso no se trate, como en el anterior, de unas cualidades ante las que reacciona una pulsión, sino de particularidades como la sonrisa o la voz. Todo esto no tiene nada que ver con el amor; en el último caso habría que hablar más bien de enamoramiento.

Todo cambia cuando no se trata ya de las propiedades o particularidades que una persona posee, sino que lo importante es el portador de tales cualidades, esto es, ella, la persona en su individualidad y unicidad; en una palabra, cuando se trata de la persona que está tras esas propiedades y particularidades. Verla, estar con ella, significa amor.

Así pues, el amor no tiene nada que ver con un compañero anónimo de relaciones instintivas, por ejemplo, un compañero que se puede cambiar a menudo por otra persona que tenga propiedades idénticas. En el caso del individuo elegido instintivamente, o del enamorado, no se busca a la persona, sino un tipo. A ello se debe también el hecho de que el amor sea, por así decirlo, intransferible. Cualquiera se puede convencer de esto en cuanto piense si, en caso de que muera una persona a la que ama, podría sustituirla por un doble, por ejemplo, por la hermana o el hermano gemelo de esa persona. El compañero en una relación puramente instintiva (también el compañero en una relación social) es más o menos anónimo. En cambio, al compañero en una relación de amor verdadero se le trata como una persona, se le considera como un tú. Por tanto, podríamos decir que amar significa poder decirle «tú» a alguien; pero no sólo esto, sino poderle decir también «sí», esto es, no sólo aprehenderle en toda su esencia, en su individualidad y unicidad, tal como hemos dicho anteriormente, sino aceptarle en lo que vale. Así pues, no consiste en ver sólo el «ser-así-y-no-de-otro-modo» de una persona, sino en ver al mismo tiempo su «poder-ser», su «deber-ser», esto es, ver no sólo lo que realmente es, sino también lo que puede ser o lo que deberá ser. En otras palabras, citando una hermosa frase de Dostoieski: «Amar significa ver a la otra persona tal como la ha pensado Dios.»

Así pues, no se puede decir que el amor verdadero es ciego; esto sería válido, a lo sumo, para el enamoramiento. El amor verdadero devuelve la vista a los hombres, y no sólo esto, sino que además los convierte en clarividentes, en profetas, pues ver los valores del ser amado significa ver lo que es una simple posibilidad, esto es, no una realidad, sino algo que se va a realizar.

Con todo esto se podría tener la impresión de que el amor, también el amor entre el hombre y la mujer, tiene muy poco que ver con los impulsos. Pero esto no es en modo alguno cierto, ya que se puede decir que al amor le hace falta la impulsividad y, viceversa, ésta necesita del amor. ¿En qué medida necesita el amor la pulsión sexual? En la medida en que el amor se vale de lo impulsivo, lo utiliza como medio de expresión, de forma que se podría decir que la vida sexual del hombre comienza a ser humana, a ser digna de un ser humano, en el momento en que es vida afectiva. En lo que concierne, sobre todo, a la consideración de la vida afectiva o, mejor dicho, de la vida conyugal, como un simple medio de reproducción, hay que decir que esta opinión le niega al matrimonio, al menos al matrimonio sin hijos, cualquier otro sentido. Esta limitación del campo visual, esta reducción del sentido de la existencia humana, en una palabra, esta «ceguera» lleva, como toda ceguera, a la desesperación, pues toda desesperación se basa en una ceguera, es decir, en una sobrevaloración de un concepto, que hace que uno sea «ciego» ante los demás conceptos.

Qué pobre sería la vida si no ofreciera otras posibilidades para darle un sentido; esto es, qué pobre sería una vida cuyo sentido consistiera exclusivamente en casarse y tener hijos. Esta opinión desvaloriza la vida y degrada sobre todo la existencia de una mujer.

¿En qué medida necesitan los impulsos humanos el amor? En la medida en que todo desarrollo normal de las pulsiones tiene como condición previa la capacidad de amar, la cual determina el proceso de maduración de dichas pulsiones, marca la dirección del instinto; organiza la impulsividad y la ordena de acuerdo no sólo con una finalidad, sino también con un objeto, utilizando la antítesis de Freud, esto es, con la persona del compañero amado. Sólo en la medida en que la pulsión está así organizada y orientada hacia la otra persona, se puede integrar y subordinar esta pulsión a la propia persona; sólo entonces está garantizada una elección de pareja con carácter definitivo.

La maduración de las pulsiones consiste, por tanto, en una creciente integración de la impulsividad en la persona. Sólo un *yo* que tiende hacia un *tú* puede integrar el *ello*.

Hemos hablado de un proceso de integración, es decir, de la unificación y globalización de lo impulsivo en la persona, de un proceso de personalización, de repercusión desde el centro de la personalidad. Existen dos causas que pueden hacer fracasar este proceso de integración: el desaliento y la decepción. Por desaliento, cuando uno no se puede imaginar que sea posible construir una relación amorosa feliz, y por decepción, cuando el joven intenta establecer una auténtica relación amorosa, pero su pareja lo rechaza. Estas personas caen entonces en la estupefacción, en el éxtasis de un placer puramente instintivo, en la simple satisfacción de sus pulsiones. En tales casos, no se reprimen los impulsos, sino que se reprime el amor, lo reprimen las pulsiones. Pero luego se llega necesariamente, no sólo a la compensación, a un equilibrio, sino a una sobrecompensación; lo que ocurre entonces es que la cantidad ocupa el lugar de la calidad; es decir, en vez de la felicidad del amor, lo que se busca es la simple satisfacción de las pulsiones. Y cuanto menos cree una persona en la posibilidad de ver realizado su deseo de amor, más necesitará la mayor satisfacción posible de sus pulsiones. Lo tragicómico de todo esto o, si debo llamarlo así, lo satírico, es que la persona en cuestión adopta la postura de un héroe, mientras que en realidad es un ser débil que no es capaz de crear una auténtica felicidad en el amor.

Pero esto no siempre es así; no sólo se compensa de este modo una decepción amorosa, sino también una decepción en la búsqueda de un sentido existencial, lo que sucede en todos aquellos casos en que una persona fracasa en su deseo de sentido, como lo hemos denominado. Cuanto más vacío queda su deseo de encontrar un sentido a la vida, más se convierte la satisfacción de las pulsiones en un medio para conseguir un fin, el placer; pero esto no es todo, ya que el placer se ha convertido entonces, a su vez, en un medio para conseguir otro fin, el estupor.

En resumen, se puede decir que al hombre le alienta un deseo de sentido, un ansia de dar a su existencia el mayor sentido posible y, en consecuencia, le busca un contenido a su vida. Cuando este deseo de sentido no se ve realizado, el hombre intenta llenar el vacío y «se emborracha» con la satisfacción de sus pulsiones. En otras palabras, el deseo de placer aparece cuando el hombre ve fracasado su deseo de sentido; empieza entonces a depender del principio del placer en el sentido del psicoanálisis. Así, la libido sexual crece exuberantemente en los casos de vacío existencial.

XIII

LA NEUROSIS DE ANSIEDAD Y LA NEUROSIS OBSESIVA

Hemos mencionado ya en otra ocasión que no es posible ver el origen de las neurosis en el hecho de que el paciente haya sufrido alguna vez, en su primera infancia, un shock o un trauma, pues, tal como decíamos entonces, hay que tener en cuenta también la actitud que el hombre adopta ante lo que vive, y de esta actitud depende sobre todo el que el trauma, es decir, la lesión psíquica, por así decirlo, le deje una cicatriz, una enfermedad mental crónica.

Hoy vamos a tratar las causas somáticas de las neurosis. Para ello partiremos de las neurosis de ansiedad, en especial de la agorafobia. Con respecto a ella cabe decir que las personas afectadas muestran síntomas claros de una hiperfunción de la glándula tiroides. Se puede decir también que sufren una hiperexcitabilidad de uno de los dos nervios vegetativos, del simpático, si es que es lícito establecer una diferencia entre la función de este nervio y la de su contrario, el vago. Sea como fuere, se da la mencionada hiperexcitabilidad nerviosa, y la cuestión es si se trata de una relación causa-efecto, si esta relación es reversible y si puede ser un efecto recíproco, pues está claro que igual que una hiperexcitabilidad del simpático trae consigo una cierta disposición al miedo como reflejo psíquico, también la ansiedad de una persona causa en el simpático un estado de excitación. No olvidemos, pues, lo siguiente: una irritación por complexión u ocasional del simpático se traduce en el ámbito psíquico en una disposición al miedo.

Pero, ¿se trata entonces de un caso de neurosis de ansiedad en el sentido de una neurosis manifiesta, esto es, de una auténtica enfermedad? No. Tiene que añadirse todavía algo a esta disposición al miedo, algo nuevo, esto es, se tiene que apoderar de ella un mecanismo psíquico que los neurólogos conocemos bien. Sólo entonces ha sonado la hora del nacimiento de la neurosis. ¿Qué mecanismo es éste? Es la ansiedad de expectativa que yo he mencionado ya repetidas veces y cuya importancia he destacado. Permítanme poner un ejemplo sobre las repercusiones de esta ansiedad. Supongamos que alguien es lábil y tiende a tener una secreción abundante de sudor. Un día se encuentra con un jefe o con cualquier otra persona de una posición social alta. ¿Qué sucederá? Comenzará a sudar debido al miedo y a la agitación, y se dará cuenta de que le suda considerablemente la mano con que tiene que saludar a la otra persona. Es muy probable que la próxima vez que se vea en una situación similar tenga miedo de que le pueda pasar de nuevo lo mismo y verse también en un apuro. Pero, ¿qué sucede realmente? El miedo a la sudoración es precisamente lo que le lleva el sudor, el denominado sudor frío, a los poros. En una palabra, vemos cómo un síntoma, en este caso concreto el sudar, provoca un fuerte temor, cómo este temor, la ansiedad de expectativa, es decir, la espera inquieta, refuerza ese síntoma y cómo, finalmente, este síntoma así reforzado aumenta el temor del paciente. Se crea, así, un círculo vicioso, o mejor dicho, el paciente se encierra en este círculo vicioso, se mete en él como en un capullo. Todos conocemos el antiguo proverbio que dice que el deseo es el padre del pensamiento. Ahora podemos añadir: si el deseo es el padre del pensamiento, la ansiedad es la madre del acontecimiento, de la enfermedad.

Si volvemos a la neurosis de ansiedad, podemos ver que en ella la ansiedad de expectativa está en relación con algo especial, de forma que en el caso de la neurosis de ansiedad aquello que la persona afectada teme tanto, aquello que espera con tanto miedo, es el propio miedo. En una palabra, la persona que padece una neurosis de ansiedad tiene miedo al miedo. Y esto coincide con F. D. Roosevelt, quien dice en sus famosas charlas al calor de la lumbre: «No hay nada tan temible como el miedo mismo.»

Pero sigamos preguntando, profundicemos, busquemos la causa por la que el paciente le tiene miedo al miedo. Veremos que le tiene miedo en la medida en que teme las consecuencias de la excitación que el propio miedo provoca; teme que le dé un colapso en un espacio abierto o que le dé un ataque en la calle, sea un ataque cardiaco, sea una hemorragia cerebral. Y aquí tiene que actuar la psicoterapia –prescindimos de la somatoterapia simultánea– haciéndole ver lo infundados que suelen ser tales temores. Además, la psicoterapia debe estimular al paciente para que en ningún caso huya de su miedo (paradójicamente, quedándose en casa); para que intente desear, aunque sólo sea durante unas décimas de segundo, todo aquello a lo que le tiene miedo. En el momento en que en el lugar del temor aparezca el deseo, se habrá acabado el miedo. Cuando se conoce, el miedo resulta absurdo y, como tal, desaparece.

Permítanme que les demuestre todo esto con la ayuda de unos casos concretos. Un día me vino a ver un colega, que no ejerce la misma especialidad que yo, sino que es cirujano, y que sufre lo indecible cuando realiza una operación en la clínica donde trabaja, porque comienza a temblar en el momento en que entra en la sala de operaciones el director de la clínica. Más adelante comenzó a temblar también cuando le tenía que dar fuego a alguien, y todo por miedo a que el otro pudiera notar su temblor y pensar: «Dios mío, si tiembla tanto por darme fuego, no me gustaría que me tuviera que operar.» Sólo una vez no había temblado en una ocasión similar: cuando viajaba en tren con un conocido que temblaba más que él. Cuando tuvo que darle fuego y tenía, por tanto, todos los motivos para estar tembloroso, no notó la más mínima vibración. ¿Por qué? Sólo porque en ese momento, y sólo entonces, no tenía por qué temer el temblor. Estaba demostrado de una vez para siempre –y sólo había que hacérselo saber al enfermo (al médico enfermo)– que era el miedo lo que provocaba el temblor.

Y hablo precisamente del paciente médico porque también me gustaría mencionar los resultados de su tratamiento. No sólo logró liberarse del miedo a temblar y, con ello, del temblor mismo, sino que además curó a otra paciente de una neurosis similar. Sucedió de la siguiente manera: yo comenté este caso en una de mis clases a los estudiantes de medicina y catorce días más tarde recibí una carta en la que una estudiante que había asistido a aquella clase me explicaba que, desde hacía ya tiempo, comenzaba a temblar si cuando estaba realizando una disección entraba en la sala el profesor de anatomía para observar a los alumnos; pero después de oír cómo había encontrado mi colega el camino para salir de su miedo a temblar, intentó utilizar en sí misma ese método terapéutico y proponerse lo mismo que se decía el cirujano, esto es: «Ha entrado el profesor, voy a temblar para él, le voy a enseñar que sé hacerlo.» Y en ese momento había desaparecido ya cualquier temblor. El lugar del miedo lo había ocupado el deseo, que la había curado. Como es lógico, no se piensa en este deseo ni en serio ni de forma definitiva, pero lo importante es que se haga durante un instante; el paciente se ríe de ello y en ese mismo momento gana la partida, pues esta risa, el humor, crea una distancia, y permite al paciente alejarse de su neurosis, de los síntomas neuróticos. Y no hay nada como el humor que ayude al hombre a crear distancias entre algo y sí mismo. A través de él, el paciente aprende enseguida a ironizar y también a superar sus síntomas neuróticos.

Todo esto es, evidentemente, sólo un aspecto y no el conjunto o la esencia de la psicoterapia de las neurosis, pero se trata de un aspecto importante e incluso en ciertas ocasiones, decisivo.

Una terapia de este tipo suele tener también un efecto favorable en las neurosis obsesivas. Sin duda, las circunstancias son diferentes en cada caso. La persona que padece una neurosis obsesiva tiende a cavilar, a dudar y a ser escrupulosa; o siente la obsesión de contar ventanas o pensar blasfemias; la obsesión de mirar continuamente si la llave del gas está cerrada o de lavarse las manos a todas horas. Un día, sea por el motivo que sea, comienza a tener miedo de los pensamientos a menudo ridículos que le invaden de vez en cuando, es decir, comienza a tener miedo de las obsesiones. Basta con que se le ocurra pensar que podría tratarse de una señal o incluso de un síntoma de una enfermedad mental, de una auténtica psicosis. Y entonces, preocupado por ello, comienza a luchar contra estas ideas. Igual que siente miedo del miedo la persona que padece una neurosis de ansiedad, quien sufre una neurosis obsesiva tiene, como está demostrado, miedo a la obsesión, esto es, a las ideas obsesivas, lo que le hace luchar contra ellas, pues mientras que la persona que sufre una neurosis de ansiedad huye del miedo, como ya hemos visto, quien padece una neurosis obsesiva se enfrenta a él. Y esto es también un error, ya que al igual que la ansiedad se convierte en un «miedo al miedo», también crece la presión de las ideas neurótico-obsesivas que pesan sobre las personas que padecen este tipo de neurosis, y ello debido precisamente a la contrapresión que ejercen dichas personas al enfrentarse a las ideas obsesivas.

En estos casos, la terapia tiene que empezar a actuar también por la raíz, que es el hecho de que todas estas personas neurótico-obsesivas son víctimas de un error: no saben –o al menos no lo saben antes de que se les diga– que temen algo de lo que no tienen por qué atemorizarse. Ellas precisamente no pueden ser enfermas mentales, pues todos los psiquiatras saben que las personas que tienden a tener ideas obsesivas u obsesiones son inmunes a las enfermedades mentales auténticas, y están, pues, inmunizadas contra la psicosis.

XIV

EL NARCOANÁLISIS Y LA PSICOCIRUGÍA

Para empezar a hablar del narcoanálisis diremos que es lo que el gran público conoce con la engañosa expresión de suero de la verdad. Pero preguntémonos si este nombre es adecuado, si realmente se trata, en primer lugar, de un suero y, en segundo lugar, de la verdad que se busca en cada caso. Tenemos que contestar negativamente ambas preguntas. Con respecto a la primera, hay que decir que las drogas que se inyectan en tales casos no son un suero, sino preparados que, aparte de este uso, ya se utilizaban desde hace tiempo como somníferos, sobre todo como narcóticos. En relación con la segunda, cabe decir que con el narcoanálisis no se consigue siempre ni toda la verdad, ni la verdad auténtica.

Hoy en día se puede dar por supuesto –debido a las numerosas (quizá excesivas) publicaciones en diarios y revistas ilustradas– que se sabe cómo se practica un narcoanálisis. El médico inyecta lentamente al paciente el medicamento en una vena del codo, con el ritmo y la cantidad suficientes para que el paciente no se duerma, sino que pueda hablar. El médico espera que, en este estado, el paciente muestre una cierta desinhibición y esté dispuesto a hablar de cosas de las que antes del narcoanálisis nunca había hablado, aunque fuera consciente de ellas.

En cuanto a su evolución histórica, el narcoanálisis tiene su origen en los denominados «hipnóticos». En aquella época, cuando resultaba difícil hipnotizar a un paciente con fines terapéuticos, se empezó a provocar el sueño administrando narcóticos. Los psiquiatras volvieron a realizar estos intentos durante la segunda guerra mundial. Se enfrentaban entonces con neurosis para cuyo tratamiento psicoanalítico no había ni tiempo ni un personal suficientemente preparado, por lo que se tuvieron que valer de este método psicoterapéutico, más rápido. Lo que interesaba a los psiquiatras del ejército no era el descubrimiento del material psíquico reprimido, sino, sobre todo el desahogo, ya que con el narcoanálisis, es decir, en un estado crepuscular provocado de forma artificial, medicamentosa, el paciente vuelve a vivir la situación que le hizo caer en la enfermedad mental, por ejemplo, un conflicto de conciencia o un estado de ansiedad que él antes no quería admitir. Esta repetición de la vivencia va acompañada de los arrebatos (gritos, temblores, sudoraciones, etc.) que no pudieron darse en la situación que provocara la enfermedad, a causa, por ejemplo, de la vergüenza o del sentimiento del honor propio de un soldado.

Pero si prescindimos de este desahogo y volvemos al descubrimiento de hechos inconscientes, reprimidos o simplemente encubiertos, hay que insistir en que en el intento de tal descubrimiento no se llega a conocer ni toda la verdad ni la verdad auténtica. ¿Por qué no toda la verdad? Porque, según se ha comprobado experimentalmente, en la situación narcoanalítica, el paciente, o dicho de forma más general, el probando, es también capaz de ocultar la verdad, al menos en parte. ¿Y por qué no la verdad auténtica? Porque el hombre, tal como se ha demostrado, se vuelve sumamente sugestionable en el narcoanálisis, es decir, la forma en que se le hace la pregunta puede determinar su contestación. Así, la persona que realiza el experimento escucha, sin saberlo, el eco de lo que él mismo ha preguntado al probando. Por tanto, no se puede hablar de una irresistible necesidad de confesar y si de hecho tiene lugar una confesión, tampoco se puede decir que su autenticidad esté garantizada. Esto en cuanto a la cuestión de los hechos; no voy a hablar –como médico– de la cuestión jurídica, sobre todo porque las leyes establecen que la aplicación del narcoanálisis están prohibidas desde el punto de vista jurídico –de los derechos humanos– para la policía o los tribunales, y tampoco está permitido, por los mismos motivos, presentar los resultados de un narcoanálisis como prueba en un proceso.

Con respecto a la psicocirugía, podemos decir que es, en parte, similar al narcoanálisis. Si en éste se trata de inyecciones, en aquélla se trata de la realización de operaciones. Si el narcoanálisis –como método de mayor rapidez– sirve sobre todo para el tratamiento de las neurosis, la psicocirugía se utiliza ante todo para tratar las psicosis, es decir, no los trastornos nerviosos, sino las enfermedades mentales. Pero si, tal como hemos dicho anteriormente, es ilógica la expresión de suero de la verdad, también lo es el término de psicocirugía. ¡Como si el bisturí del cirujano pudiera alcanzar algo como la psique! En las intervenciones del cerebro, el escalpelo no llega al espíritu del hombre. ¿Por qué ha levantado entonces tanto polvo la denominada psicocirugía? Porque ha tocado un complejo de la psique colectiva actual. El narcoanálisis era ya, desde el punto de vista de la psicología de las masas, un peligro. Se planteaba la grave cuestión sobre dónde se iba a llegar si en cualquier momento se podía arrancar una confesión a cualquier persona; si, tal como decían los psicocirujanos, se podía cambiar el carácter del hombre a través de una intervención en el cerebro. Estos dos peligros parecen converger y desembocar en la tendencia, tan temida por todos, a hacer del hombre, como sujeto, un objeto sin voluntad propia; del hombre, como persona libre, un ser que se puede manejar según convenga, del que se pueden sacar confesiones y al que se pueden dar órdenes.

Ya hemos dicho anteriormente que lo primero no es posible ni siquiera con el narcoanálisis. Pero, ¿es posible conseguir un cambio de carácter mediante una intervención en el cerebro? En cierto sentido, sí, afortunadamente; pues de este modo se puede prestar ayuda a determinados casos de enfermedad psíquica; precisamente –esto es importante– a los casos más graves. Para entender mejor todo esto tenemos que partir de nuevo de la historia de los orígenes de la psicocirugía. Esta historia la conocemos tanto mejor cuanto que tales orígenes hay que buscarlos –al igual que los del narcoanálisis– en Viena, ya que el método de los hipnóticos fue desarrollado por los profesores Kauders y Schilder; y también se realizaron en Viena los trabajos experimentales que precedieron a la psicocirugía: en 1932, Pötzl y Hoff. Sin embargo, ya se sabía mucho antes que las enfermedades del lóbulo frontal van acompañadas de unas ciertas transformaciones del carácter; según la localización exacta de la enfermedad en el lóbulo frontal se producía en el paciente una debilidad de estímulos, o una agudeza de ingenio.

Yo mismo he podido comprobar en cierta ocasión este cambio de carácter. El paciente en cuestión tenía un tumor en el lóbulo frontal, localizado justo en el lugar que determina una debilidad de los estímulos; la intervención debía afectar necesariamente el punto que determina la agudeza. Al principio, cuando todavía tenía el tumor, nuestro enfermo hablaba muy poco y estaba tumbado en la cama con aire indiferente; pero todo cambió cuando regresó de la clínica quirúrgica tras la operación. Entonces era ya una persona aguda y divertida. ¿La prueba? Cuando la enfermera le preguntó refiriéndose a la duración de su operación: «Bien, señor X, ¿fue muy largo allí, en el quirófano?», él contestó: «Exactamente tan largo como aquí en la policlínica neurológica: 1,72 m.»

Son efectos inesperados de las operaciones del cerebro. Pero el objetivo de la psicocirugía son precisamente estos cambios de carácter. Moniz –el notable neurólogo portugués que recibió hace años el premio Nobel– creía que mediante una incisión en la sustancia blanca del lóbulo frontal del cerebro, mediante la denominada lobotomía (corte lobular) o leucotomía (sección de la sustancia blanca), podría lograr la desunión de aquellas fibras nerviosas a las que creía ligadas las asociaciones de ideas con carácter patológico (por ejemplo, las manías). Pero en realidad, esto no es posible y, como ha sucedido tantas veces en la historia de la terapia, en este caso fue también una idea teórica equivocada, por no decir ingenua, la que dio pie a una actuación práctica útil y, con ello, a un descubrimiento o invento que constituiría un importante avance científico.

En lo que concierne a los cambios de carácter tras la operación de Moniz cabe decir que afectan sólo a la afectividad y a la impulsividad, es decir, al menos tras la operación de ambas partes, el paciente ya no es capaz de sentir afectos (o excitaciones) tan fuertes como antes de la intervención y, además, está menos sometido a la presión de sus impulsos. El carácter del paciente se vuelve, por tanto, más apático. Pero no olvidemos que si la operación estaba realmente indicada, esto es, si estaba justificada su realización, lo importante y lo principal era hacerle más apático (de forma dosificada) para ayudarle. ¿Cuándo se lleva a cabo esta operación? Sólo cuando el paciente se encuentra en un grave estado de tensión –sea por un afán patológico, sea por una obsesión o ansiedad también patológicas– y cuando no han surtido éxito otras medidas terapéuticas. Pues, tal como indicaba hace años el profesor Stransky, la leucotomía sólo se toma en consideración como «ultima ratio», como último recurso, cuando ya se ha intentado todo lo demás y no ha dado resultado. El efecto consiste entonces en que la ansiedad, la obsesión o el afán –también un dolor que no se podía calmar de otra forma– se alejan de uno, tal como dice el neurólogo. Está claro que se puede ayudar así a una persona que, de lo contrario, tendría que soportar un suplicio inhumano; sin embargo, hay que aceptar también que esta operación va acompañada de una cierta insensibilización de la vida afectiva. Pero éste es un mal menor frente al peligro del que hemos liberado al paciente. Antes de realizar una leucotomía hay que decidir qué es lo que trastorna más al paciente; qué es lo que le impide llevar una vida digna de un ser humano: su enfermedad –en cuyo caso recomendamos la operación– o el cambio de carácter que provocaría la intervención. Si ésta está realmente justificada, entonces las ventajas, los efectos favorables, serán mayores que los inconvenientes.

En definitiva, lo que tenemos que hacer –tanto los médicos como los pacientes– en cada operación, con cada medicamento, es aceptar conscientemente los efectos tardíos y secundarios, y en la mayoría de los casos podemos hacerlo. Sólo los médicos podemos decidir si está justificado o no un medicamento o una intervención. Está claro que cuanto mayor es el riesgo, más difícil es la decisión. Pero en este sentido al hombre le sucede en el ámbito de la técnica médica lo mismo que en el de la técnica en general: si se nos da poder, tenemos que cargar con la responsabilidad.

XV

LA MELANCOLÍA

En mis conferencias anteriores he hablado repetidas veces de las neurosis; en cambio, he tratado relativamente poco los trastornos psíquicos que se oponen a ellas: las psicosis, esto es, lo que se suele denominar enfermedades mentales. De ella vamos a hablar en esta y en la próxima ocasión. Lo primero que nos tenemos que preguntar es cómo se distingue un trastorno mental, en el más estricto sentido de la palabra, de las enfermedades psíquicas neuróticas.

A menudo se oye decir: «Tiene usted que esforzarse más.» El gran neurólogo Hans von Hattingberg ha demostrado que se da una neurosis cuando un simple esfuerzo ya no tiene efecto o ni siquiera es posible realizarlo. Surge entonces la neurosis como enfermedad; de lo contrario, se trataría de una cuestión moral o del carácter y no de algo clínico, de algo patológico. Mientras se puede influir en una persona o en su sufrimiento con consejos como: «Tiene usted que distraerse más, cambie de ambiente», no se trata todavía de un auténtico neurótico. Pero no olvidemos que la neurosis es una enfermedad, que el neurótico es una persona enferma y, como tal, hay que tratarlo, no sólo aconsejarle.

Lo mismo se puede decir de los enfermos mentales, de las personas psicóticas. Para empezar, debemos recordar que al igual que las dos formas principales de la neurosis son la neurosis de ansiedad y la neurosis obsesiva, también en la psicosis se distinguen dos tipos importantes. En primer lugar, la esquizofrenia, también llamada «dementia praecox» y, en segundo lugar, la locura maniacodepresiva, de la que vamos a hablar hoy más detalladamente. Esta última es una psicosis a la que difícilmente se le puede dar el nombre de enfermedad mental; se trata más bien de lo que el profano en la materia denomina melancolía. Se trata de un estado de desazón, una desazón triste, la melancolía; pero también se puede tratar de lo opuesto a la tristeza, de una desbordante alegría de vivir, un afán desmesurado de creación y una autosobrevaloración patológica.

Comencemos por la enfermedad denominada manía y preguntémonos cómo una persona con un trastorno de este tipo se puede poner en peligro a sí misma o a su entorno en determinadas condiciones. Ella no tiene la culpa si, debido a la sobrevaloración de sí mismo, tira el dinero por la ventana o se mete en aventurados negocios a los que nunca se habría arriesgado teniendo un estado de ánimo normal. Está claro que a un enfermo de este tipo hay que protegerlo de sí mismo durante toda su enfermedad, por ejemplo, sometiéndole, si fuera necesario, a tutela.

Acabo de hablar de la duración de esta enfermedad, y éste es precisamente un factor importante; tanto en el caso de la manía, recientemente mencionado, como en el caso contrario, la melancolía, se trata de síndromes que transcurren en fases, es decir, una manía o una melancolía viene y se va; luego se produce una pausa, que puede durar años o incluso decenios y en la que los pacientes se encuentran totalmente normales y con un estado de ánimo bastante equilibrado, es decir, no llaman la atención por nada. En algunos pacientes alternan los estados depresivos, esto es, las fases melancólicas, con otros de excitación maníaca. En otros casos se produce a lo largo de la vida sólo un período melancólico, de forma que nunca se puede pronosticar a largo plazo con seguridad el transcurso futuro de esta enfermedad. Pero sí se puede prever y predecir con mayores garantías que la fase correspondiente, por ejemplo, un estado melancólico, va a ceder a curarse y que –hago expreso hincapié en esto– lo hará sin tratamiento, es decir, por sí misma. Es muy importante saber esto y hacérselo saber también al paciente o a sus familiares. Cuando se puede hacer un pronóstico tan favorable incluso en un caso grave, se vive uno de los momentos más agradecidos de la práctica psicoterapéutica. Imagínense lo que puede significar para los familiares el hecho de que delante de ustedes haya una paciente que corre de un lado a otro de la habitación, se arranca el pelo y se acusa continuamente a sí misma de los delitos más increíbles, y, sin embargo, usted, como neurólogo, puede predecir con un 100 % de seguridad, que esta paciente que sufre melancolía con ansiedad va a volver a ser la persona que era cuando estaba sana. Piensen sólo en lo que esto significa; pues ni siquiera en el caso de unas anginas, de una laringitis, se puede hacer un pronóstico así de favorable con tal grado de seguridad, ya que una laringitis grave puede tener como consecuencia un reumatismo articular o una lesión cardíaca.

Sin duda, el propio paciente melancólico no creerá nuestro pronóstico favorable, pues el escepticismo y el pesimismo forman parte de los síntomas de su melancolía. Siempre encontrará «un pelo en la sopa» y nunca verá nada bueno en sí mismo. Recuerdo una paciente que, debido a su melancolía, se lamentaba de que no tenía curación; sin embargo, delante de mí había, sobre mi escritorio, nada más y nada menos que treinta y cinco anamnesis de una misma persona, de aquella paciente precisamente. Había sufrido treinta y cinco fases melancólicas y siempre se había restablecido totalmente tras unas pocas semanas. Pero cuando yo se lo explicaba, estaba hablándole a un sordo. En los casos graves de verdadera melancolía no tienen ningún efecto los argumentos, las apelaciones a la razón y al entendimiento. Con argumentos en contra no se consigue nada, no despejan en modo alguno la vida afectiva de nuestros enfermos por una sencilla razón: porque su melancolía no tiene ninguna causa, por lo menos no en el sentido de motivo; pues la melancolía, al menos lo que el neurólogo designa como tal, surge precisamente cuando se acaban todas las razones, donde no existe ningún motivo exterior o interior que explique la tristeza del melancólico; la melancolía, la psicosis maniacodepresiva en general –al igual que toda psicosis en el estricto sentido de la palabra–, no tiene un condicionamiento psíquico, sino que su origen está en el ámbito corporal. Lógicamente, lo psíquico puede desencadenar una fase melancólica, pero un factor desencadenante no es una auténtica causa.

Esta independencia de la enfermedad psíquica con respecto a los sucesos y a las vivencias es algo sobre lo que tenemos que llamar la atención a los enfermos, debido precisamente a que uno de los rasgos más característicos de la melancolía, esto es, de la desazón condicionada física y no psíquicamente, consiste en que el paciente tiende a hacerse grandes reproches por motivos fútiles. A ello se debe el hecho de que estos enfermos –en contraposición a los neuróticos depresivos o a los histéricos– casi nunca intentan sacar provecho de sus sufrimientos, por ejemplo, esclavizando a su entorno o buscando un pretexto para librarse de ciertas obligaciones. Por el contrario, el melancólico se acusa de que es una carga para los que le rodean, de que no es digno de vivir o de ser tratado, y esto se debe a que no es realmente un enfermo. Decir a uno de estos pacientes que lo que sucede es que no se esfuerza bastante, es como un veneno para su vida afectiva, pues con tales reproches estamos afirmando las censuras patológicas que él mismo se hace. Es importante, por tanto, que el profano en la materia –y son profanos todos los que no son médicos– no haga intentos de aficionado para consolar a estos enfermos o para estimularles y animarles. El efecto del tratamiento de estos psicoterapeutas amateur podría ser catastrófico.

La terapia adecuada se basa, aquí como en cualquier otra enfermedad, en un diagnóstico correcto, y sólo el especialista puede diagnosticar una melancolía, esto es, diferenciarla de una neurosis o de un estado neurótico-depresivo. Puede hacerlo también en los casos atípicos, por ejemplo, cuando en el primer plano de la enfermedad no se encuentra la tristeza, sino –como sucede tan a menudo– una inhibición general o una excitación. Sólo el especialista que tenga mucha experiencia podrá decidir si en un caso concreto existe peligro de suicidio o no. Si se da este peligro quizá sea aconsejable internar al paciente provisionalmente, esto es, mientras dure la melancolía, en una institución, donde se le atenderá de forma tan intensiva que no intentará quitarse la vida debido al hastío patológico que sufría. En estos casos graves –que afortunadamente son bastante escasos– se toma también en consideración el tratamiento con irrigaciones eléctricas del cerebro, esto es, el denominado electroshock. De este modo se puede despejar el estado de ánimo y reducir la excitación siempre que esto no fuera posible por vía medicamentosa.

Aparte de estos métodos terapéuticos físicos y químicos, no se puede olvidar lo más importante, la pieza fundamental de la terapia de las enfermedades no sólo neuróticas, sino también psicóticas, es decir, la psicoterapia. La psicoterapia de la melancolía tiene un carácter específico, es diferente al tratamiento psíquico de los estados neurótico-depresivos. En el caso de la melancolía hay que educar al paciente en dos cosas: en primer lugar, a que confíe en el pronóstico 100 % favorable que le puede presentar su médico, y, en segundo lugar, a tener paciencia, sobre todo paciencia consigo mismo, teniendo presente precisamente el pronóstico favorable de su enfermedad. Y si piensa de sí mismo que no está realmente enfermo, sino que debido a sus reproches patológicos se considera simplemente una persona depravada, o si cree que es un enfermo, pero un enfermo incurable, entonces se agarrará a las palabras de su médico y a la esperanza que de ella se desprende. Y así estará en condiciones de dejar pasar su melancolía como si fuera una nube que puede oscurecer el sol, pero que no hace olvidar que éste existe: el melancólico también tendrá que aferrarse al hecho de que su melancolía puede nublar el sentido y el valor de la existencia de forma que él no encuentre ni en el mundo ni en sí mismo algo que pueda hacer que su vida sea digna de ser vivida, pero que este oscurecimiento también pasa y él puede sentir entonces en sí mismo un reflejo de lo que Richard Dehmel expresó con las bellas palabras: «Mira: con el dolor del tiempo juega la felicidad eterna.»

XVI

LA ESQUIZOFRENIA

En la conferencia anterior hemos tratado una de las dos formas de enfermedad mental más importantes, la psicosis maniacodepresiva, esto es, la melancolía. En esta ocasión vamos a hablar de la segunda de las formas, de la esquizofrenia. ¿De dónde procede el término esquizofrenia? La traducción literal sería «demencia por hendidura». La palabra debe su origen a la antigua psicología asociacionista, bajo cuya influencia el psiquiatra de Zurich Eugen Bleuler, pensó en la esquizofrenia como en un volverse independiente, es decir, en una disociación de los complejos de asociaciones. No es en modo alguno cierto que esta enfermedad mental vaya acompañada de una auténtica escisión de la personalidad o que en esto consista su esencia. Insisto en ello porque este tipo de malentendidos está muy extendido. Recuerdo a la hermana de un paciente esquizofrénico, que no era médico, pero sí psicóloga; en cierta ocasión, me preguntó durante la consulta si la esquizofrenia de su hermano no se debería a una lesión craneal: «Verá, doctor, cuando estaba en la escuela un compañero le golpeó con un tablero de dibujo en la cabeza. ¿No podría ser que le hubiera desdoblado la personalidad?» Algo así es totalmente imposible.

La esquizofrenia no tiene nada que ver con la doble personalidad tan frecuente en las películas y en las novelas. Me gustaría subrayar esto por un motivo concreto. Es propio de la pubertad, de los años de maduración, que el joven, inseguro de sí mismo, se examine intensamente. «Hay dos espíritus dentro de mí –suele decir– uno es el actor y el otro le observa.» El muchacho se queja de que es siempre su propio espectador, y, en este sentido, está dividido, desdoblado en un espectador y un actor. Pero esto se halla dentro de los límites de lo normal y no tiene en absoluto nada que ver con la esquizofrenia. Esta tendencia a la introspección más bien podría estar relacionada con un carácter neurótico-obsesivo, y si estas personas temen que sus tendencias puedan degenerar un día y desembocar en una enfermedad mental, yo tengo que quitarles esta ilusión y puedo desvirtuar sus temores, pues la experiencia demuestra que las personas neurótico-obsesivas están inmunizadas precisamente contra los trastornos mentales.

Pasemos ahora a analizar las formas de la esquizofrenia. El psiquiatra distingue sobre todo tres tipos: la hebefrenia, la catatonía y la esquizofrenia paranoide. La hebefrenia se caracteriza por su temprana aparición y su lento desarrollo. La esquizofrenia paranoide es el tipo más importante. Va acompañada de la aparición de ciertas manías. Normalmente se forman primero ideas de relaciones y observaciones imaginarias, y después surge la manía persecutoria. Es característico a este respecto el denominado «sistema de manías», es decir, los pacientes no sólo relacionan consigo mismos los sucesos más inofensivos del entorno –esto se da también en los trastornos neuróticos–, sino que los esquizofrénicos paranoides se sienten perseguidos por ciertos enemigos, poniendo siempre en relación a los supuestos enemigos entre sí.

En la esquizofrenia, sobre todo en su forma paranoide, junto a las manías se dan a menudo también percepciones ilusorias, esto es, alucinaciones, sobre todo acústicas. Los enfermos se quejan principalmente de que oyen voces que acompañan todas sus acciones con advertencias maliciosas o sarcásticas y que les dan órdenes. Estas situaciones son a veces tan angustiosas para el paciente como peligrosas para el entorno. En los esquizofrénicos paranoides son importantes también las alucinaciones en relación con la sensibilidad corporal. Estos enfermos afirman, por ejemplo que se les trata de persuadir con aparatos que emiten unas ondas determinadas o con corrientes especiales, y que detrás de todo esto están precisamente sus enemigos. A menudo se quejan de que sus pensamientos no son propios, sino que les son impuestos, y que su voluntad se encuentra bajo una extraña influencia. Es fácil comprender que al explicar sus propias vivencias estos pacientes lleguen a suponer que se encuentran hipnotizados, bajo una «hipnosis a distancia» (lo que no existe). En épocas anteriores, los esquizofrénicos se explicaban sus vivencias de otra forma: se consideraban, por ejemplo, poseídos por malos espíritus.

En los esquizofrénicos se puede desarrollar también una cierta megalomanía. Así se imagina el profano en la materia al enfermo mental –y por enfermo mental entiende normalmente un enfermo de tipo esquizofrénico–, pero esto es muy poco frecuente. Al menos en los años en los que trabajé, hace ya tiempo, en un gran hospital –años en los que pasaron por mis manos miles y miles de personas psicóticas–, no encontré, por ejemplo, ningún enfermo que se hiciera pasar por el emperador de China. También es falsa la suposición del profano de que un enfermo mental grave tiene continuos ataques de rabia; éstos se dan sólo en determinadas enfermedades, y en ellas surgen únicamente en momentos concretos, es decir, de forma transitoria. Pero la calma exterior no nos debe hacer olvidar la gravedad de la situación y la necesidad del internamiento en un hospital y de un tratamiento intensivo. Los familiares de estos enfermos dicen a menudo que los pacientes no pueden tener una enfermedad, ya que reconocen a las personas y se acuerdan muy bien de todo. Pero esto no invalida del diagnóstico del especialista, pues es muy poco frecuente que el desconocimiento del entorno y los trastornos de la capacidad de atención se den en la esquizofrenia, en ese trastorno mental tan frecuente e importante desde el punto de vista de la medicina social. Además, lo que los cabaretistas suelen presentar como rasgo principal de una enfermedad mental, es decir, las contracciones singulares de la cara, no es un signo de trastorno mental, sino un síntoma sin importancia que puede aparecer por distintos motivos incluso en personas totalmente normales que ni siquiera tienen que ser «nerviosas» en el sentido tradicional.

Queda todavía por mencionar el tercer tipo de esquizofrenia, la catatonía, la denominada demencia por tensión, que sobreviene de forma repentina y desaparece también con rapidez, para presentarse de nuevo, en ocasiones, tras algunos años. Al igual que en la melancolía se da un estado de inhibición, aquí, en la catatonía, se da un estado de bloqueo. Los pacientes apenas se mueven, casi no contestan y están tumbados, sentados o de pie, siempre tiesos y silenciosos. Este bloqueo se puede romper repentinamente debido a lo que denominamos un rapto, un súbito estado de excitación. Pues bien, señoras y señores, sólo el especialista puede determinar si en un caso concreto se puede dar o no uno de estos raptos: si se trata de un bloqueo esquizofrénico o de una inhibición melancólica. De esto depende, por ejemplo, el poder determinar si hay que asistir a un paciente en su casa, si puede abandonar temporalmente el hospital, o por el contrario, si hay que intentar al que ha estado asistido hasta entonces en su hogar.

Aunque los psiquiatras europeos no seamos de la opinión, tan extendida en otros lugares, de que la esquizofrenia es sobre todo psicógena, es decir, que tiene un origen psíquico, que es una variedad de las neurosis, consideramos la psicoterapia como uno de los métodos terapéuticos más importantes –si no el más importante– y decisivos. Se puede considerar también el factor hereditario al menos como eso, como un factor, como una causa parcial. Si seguimos el consejo de Rudolf Allers, hay que actuar como si no existiera ningún factor hereditario, y las posibilidades de influenciación psíquica fueran ilimitadas; sólo entonces se puede tener la certeza de haber agotado realmente las posibilidades existentes.

Es evidente que la psicoterapia varía en el caso de las psicosis y en el de las neurosis; pero tiene que dirigirse a lo sano, a lo que queda sano en el enfermo, para luchar juntos contra la enfermedad. El psiquiatra vienes Heinrich Kogerer ha sido el primero en mostrar un camino en este sentido y ha destacado la importancia del hecho de reeducar al paciente a que tenga confianza. Con ésta se podrá evitar en muchos casos, incluso cuando existe el factor hereditario, que se produzca la aparición de una esquizofrenia.

Pero la labor médica no consiste sólo en prevenir y tratar, sino que, junto a la curación de los enfermos curables, está también la asistencia a los enfermos incurables. Cuando el médico ya no puede ayudar, debe aprender y enseñar también una cosa: que no deniegue el honor debido incluso en el caso de una situación extrema de una aparente ruina de una existencia humana, pues aunque una persona en esta situación, internada durante mucho tiempo en un hospital, ya no es útil para la sociedad, conserva siempre su dignidad humana.

XVII

LA ANGUSTIA DEL HOMBRE ANTE SÍ MISMO

Como es sabido, se ha llamado a nuestro siglo el siglo de la angustia. Parece indicado, por tanto, hablar sobre la angustia del hombre de hoy. De qué se tiene angustia, es otra cuestión. La filosofía existencialista contemporánea ha intentado contestar esta pregunta declarando que la angustia es, en el fondo, una angustia de la nada.

La psicoterapia se tiene que ocupar también, en mayor o menor medida, de la angustia. Como neurólogos, conocemos muy bien la importancia que la angustia tiene en la existencia del hombre. Normalmente se refiere a todo lo que puede poner en peligro nuestra vida y, sobre todo, a la muerte. Lo que el médico denomina hipocondría no es otra cosa que una especie de concentración, de condensación de la angustia en general en un órgano determinado que sería, por así decirlo, el núcleo de condensación de un temor concreto, pues en el momento en que el miedo no se refiere ya a la nada sino a una cosa específica, a una enfermedad, se convierte en temor. Esta distinción, dicho sea de paso, fue establecida por primera vez por Sigmund Freud, el creador del psicoanálisis, si bien, en último término, proviene de Kierkegaard, el padre de la filosofía existencialista.

Un caso especial es la nosofobia, que provoca, atrae precisamente lo que se teme. Se ha dicho en cierta ocasión que la mayoría de los casos de personas que mueren ahogadas se debe a que las víctimas sentían temor a ahogarse. Si el deseo es el padre del pensamiento, se puede decir que la ansiedad es la madre del acontecimiento. Esto es válido también para las enfermedades. Lo que alguien teme, lo que aguarda con miedo, esto se realiza, eso le sucede. Quien teme enrojecer, se pondrá rojo. Quien tiene miedo de empezar a sudar, experimentará un sudor frío por los poros a causa del propio miedo. Los neurólogos conocemos bien este mecanismo de la ansiedad de expectativa. Se trata en realidad de un círculo vicioso: un trastorno cualquiera, en sí inofensivo y que habría pasado rápidamente, provoca el miedo; éste agrava el trastorno, lo que acrecienta el miedo del paciente. Con ello queda cerrado el círculo vicioso y el enfermo prisionero en él, al menos hasta que interviene el médico.

Lo peor de este círculo vicioso es que la expectativa angustiosa provoca una intensa observación de sí mismo. Pensemos simplemente en un tartamudo: observa con miedo su propia forma de hablar, y este examen de sí mismo es suficiente para trastornar e inhibir su capacidad de hablar. O pensemos en una persona que intenta con todas sus fuerzas dormirse: la tensión y la atención puesta en el sueño lo hacen imposible. Puede suceder incluso que alguien que consigue, por fin, dormirse se despierte sobresaltado pensando: «me parece que antes de dormirme quería haber hecho algo. Ah, es verdad, quería dormirme.»

Entre las cosas que teme sobre todo el neurótico se encuentra el miedo mismo. El neurólogo habla, por ello, de un miedo ante el miedo. Al parecer, esta opinión coincide con la de F. D. Roosevelt, quien dijo en cierta ocasión: «No hay nada que tengamos que temer tanto como el propio miedo.» Todos conocemos, por ejemplo, los síntomas de la denominada agorafobia. Si interrogamos a una persona que la padezca, podemos ver que tiene miedo sobre todo de que su angustiosa excitación le provoque un ataque cardíaco, una hemorragia cerebral o un colapso y que teme desmayarse en la calle.

Al igual que una persona que sufre una neurosis de ansiedad teme al miedo, quien padece una neurosis obsesiva teme la obsesión, a sus ideas obsesivas, porque piensa que son señales o síntomas de un trastorno mental. Estas personas, dignas de compasión, ya ven, y así lo dicen, que al final van a acabar en una cama enrejada.

Pero para la persona que sufre una neurosis obsesiva, esto es sumamente trágico, pues si existe un grupo de individuos que está inmunizado contra los trastornos mentales graves, lo forman precisamente las personas que padecen una neurosis obsesiva o tienen tendencia a padecerla. El temor patológico exagerado a sufrir una enfermedad mental es una idea obsesiva, y hay que hacerles saber a estas personas neurótico-obsesivas que su neurosis les inmuniza contra las psicosis; por mucho miedo que tengan, no pueden padecer una enfermedad mental.

Quien sufre una neurosis obsesiva teme también que cualquier día pueda empezar a gritar en el teatro o en la iglesia; que si se queda solo con otras personas en una habitación, pueda atacarles. Por ello, estos pacientes suelen quitar de en medio los cuchillos, tenedores y tijeras, y los guardan bajo llave. O temen permanecer en los pisos altos, cerca de ventanas abiertas, por miedo a que un impulso les haga precipitarse al vacío. Pero debemos y tenemos que quitarles estas ideas. De todas las personas que se han quitado la vida, seguro que ninguna lo hizo por un impulso obsesivo, es decir, llevando a la práctica una idea obsesiva. Todavía no ha habido nadie que, teniendo la idea obsesiva de ahogar a otra persona, haya matado a una sola mosca.

Hemos partido del miedo a la muerte. Se trata realmente del miedo ante la nada. Pero la nada que el hombre teme no está sólo fuera, sino también dentro de él. El hombre le tiene también miedo a esta nada interior, y el miedo ante sí mismo le hace huir de sí mismo: huye de la soledad, ya que ésta significa tener que estar solo consigo mismo. ¿Cuándo se ve obligado a quedarse solo consigo mismo? Siempre que deja o se acaban el trabajo y las actividades, por ejemplo, en el fin de semana, en el domingo. Domingo solitario. Éste es el título de una tristemente célebre canción de moda sentimental, por los numerosos suicidios que ocasionó y que seguro que no los ha inventado una casa discográfica hábil en los negocios. Los neurólogos conocemos bien un síndrome que denominamos neurosis de domingo. Se trata de un sentimiento de soledad y vacío, de falta de contenido y sentido existenciales que surge y se manifiesta en los hombres cuando interrumpen las actividades que realizan en los días laborables. A esta falta de objetivo y finalidad yo la llamo frustración existencial, es decir, la no-realización del deseo de sentido tan profundamente arraigado en nosotros. Yo opongo este deseo de sentido al deseo de poder, tal como lo plantea la psicología individual de Adler en la forma del afán de valimiento. También enfrento el deseo de sentido a otro tercer deseo, el deseo de placer, de cuyo predominio está convencido el psicoanálisis de Freud al hablar del principio del placer. En el caso de las neurosis de domingo, vemos claramente que en el momento en que el deseo de sentido queda vacío y sin realizarse, el deseo de placer compensa la falta de sentido existencial del hombre y se la oculta a la conciencia. Un trabajo de Plügge, internista de Heidelberg, demuestra que la frustración existencial en general, y la neurosis de domingo en particular, pueden acabar en la muerte, en la muerte voluntaria, en el suicidio. Plügge comprobó en cincuenta casos de intento de suicidio que éstos no se debían ni a una enfermedad, ni a la pobreza, ni a conflictos profesionales o de otro tipo, sino que, sorprendentemente, la causa era otra: la falta de esperanza, la falta de contenido que se refleja en el aburrimiento, es decir, el fracaso del deseo humano, de la búsqueda humana de un auténtico sentido existencial.

XVIII

LA ENFERMEDAD DE LOS DIRIGENTES

Entre los hipocondríacos se comienza a hablar ya de una nueva enfermedad. Dentro de poco las personas hipocondríacas ya no se preguntarán angustiadas: «¿Tendré cáncer?», sino: «¿Seré yo quizá un dirigente?» Esta nueva fobia hipocondríaca que se da a escala colectiva es la «enfermedad de los dirigentes», que conlleva un derrumbamiento físico y psíquico prematuro de las personas sobre cuyas espaldas pesa una gran responsabilidad. Pero hablar de derrumbamiento precoz es prácticamente lo mismo que decir una muerte anticipada. Aparte de enfermedades gastro-intestinales crónicas más o menos graves, se producen en tales casos ataques cardíacos o derrames cerebrales, así como determinadas formas de hipertensión. La presión constante a que están sometidos estos hombres, la tensión psíquica continua, tiene como consecuencia un estado de tensión en los vasos sanguíneos, y a los trastornos funcionales en principio pasajeros se suman, con el tiempo, ciertas alteraciones orgánicas del aparato vascular.

Para la tranquilidad de todos diré que esta enfermedad no sólo se trata con gran facilidad, sino que también se puede prevenir. Para poder entender mejor todo esto, tenemos que empezar por el principio e informarnos sobre el lugar que ocupa la enfermedad de los dirigentes en el conjunto de la patología general. Vemos así que la enfermedad de los dirigentes pertenece a las denominadas enfermedades de la civilización, que van unidas al progreso técnico. Esto no significa en modo alguno que estemos de acuerdo con los que maldicen la técnica. En primer lugar, tales personas no suelen darse cuenta de que incurren en una contradicción, pues olvidan que en realidad ellos sólo pueden «maldecir la técnica» delante de miles de oyentes con la ayuda de la propia técnica, que les permite disponer de micrófonos, magnetófonos y altavoces para tal fin. Y, en segundo lugar, detrás de esta moda actual de maldecir la técnica hay una gran dosis de ingratitud: al progreso técnico le debemos los numerosos avances que se han dado en relación con el diagnóstico, el tratamiento y la prevención de enfermedades.

Además, estos anacrónicos «destructores de las máquinas» no tienen en cuenta a los demás. Pasan por alto que el hombre... ¿cómo diría yo? Dejaré que Dostoieski defina al hombre: «El hombre es el ser que se acostumbra a todo.» Así pues, podemos tener la esperanza de que se va a adaptar a las condiciones de vida que él mismo –en la forma de la civilización– ha creado. Los que no creen en esta interminable capacidad de adaptación han sido puestos en ridículo, al menos hasta ahora, por los hechos. Así, por ejemplo, una comisión estatal de médicos elaboró en el siglo pasado un dictamen según el cual el hombre no podría soportar nunca sin graves daños para su salud el aumento de velocidad que suponía el ferrocarril. Y hace sólo algunos años se planteaba la preocupante cuestión de si el hombre iba a poder aguantar la velocidad con que los aviones traspasan la barrera del sonido. Cuando la técnica produce un veneno (veneno en el más amplio sentido de la palabra), la humanidad descubre inmediatamente el correspondiente antídoto. El progreso técnico en el ámbito de la medicina, primero muy celebrado y luego muy censurado, ha determinado que la esperanza media de vida del hombre actual sea mayor. En contrapartida, son relativamente más frecuentes las enfermedades típicas de la vejez.

Pero esto no es todo; según ha comprobado el profesor Kollath, las estadísticas muestran que la medicina de las últimas décadas ha logrado éxitos sin precedentes en la lucha, por ejemplo, contra las enfermedades infecciosas, sobre todo en relación con la tuberculosis, antes tan difundida y temida. Sin embargo, desde el año 1921 estos éxitos, por desgracia, se ven disminuidos por el incremento de las enfermedades y muertes provocadas por una alimentación deficiente y, sobre todo, por los accidentes de tráfico. La causa principal del incremento de estos últimos no es la técnica, esto es, la creciente motorización, sino el espíritu que abusa de la técnica.

Según ha demostrado Joachim Bodamer, el automóvil es hoy en día para el hombre centroeuropeo el criterio para medir el nivel de vida. El hombre medio trabaja a menudo en exceso sólo por motivos de prestigio, es decir, para conseguir un elegante automóvil, aunque lo haga a costa de su salud. En una palabra, estos hombres mueren por su automóvil, a veces incluso antes de poseerlo. No quisiera pasar por alto que esta ambición persigue en algunos casos objetivos más elevados. Conozco a un paciente que representa el caso más típico de la enfermedad de los dirigentes que yo he visto. Se pudo comprobar que se mataba a trabajar; el examen del internista reveló sólo el peligro, pero no la verdadera causa de la enfermedad. Ésta se puso de manifiesto cuando se le hizo un análisis psíquico. Se vio entonces por qué se había entregado tanto a su trabajo y se había matado trabajando: era suficientemente rico, poseía incluso un avión particular, pero confesó que estaba haciendo todo lo posible para tener un reactor en lugar del avión normal.

Pero prescindamos de este caso aislado y planteémonos las posibilidades de tratamiento y prevención de la enfermedad de los dirigentes. Para ello se recomienda lo siguiente: 1. evitar emociones desmesuradas; 2. dormir lo suficiente; 3. tener un momento no para la actividad física, sino para el esfuerzo físico, es decir, para lo que antes se denominaba deporte de compensación. Esta última recomendación es importante por dos razones: en primer lugar, porque demuestra que el hombre no enferma sólo por una carga excesiva, es decir, por lo que el investigador canadiense Selye describe como *stress*, sino que en ciertas ocasiones resulta igual de perjudicial una descarga repentina. Los neurólogos conocemos esto muy bien. Hemos visto cómo aquellas personas a las que se les había exigido demasiado durante la guerra, o como prisioneros, se derrumbaban precisamente cuando se les quitaban las cargas físicas y psíquicas. En lo que se refiere sobre todo al aspecto psíquico de este problema, ya hemos aludido anteriormente a la semejanza con la denominada «enfermedad de los buzos»: al igual que puede sufrir graves daños la salud del buzo que sube demasiado deprisa desde una gran profundidad hasta la superficie si no se dispone de lo necesario para evitar una descompresión repentina, también está en peligro el hombre que se ve de pronto libre de una fuerte presión psíquica.

Volvamos a la mencionada exigencia de prevenir la enfermedad de los dirigentes a través de un esfuerzo físico regular. Aquí se confirma la verdad de una vieja creencia popular, según la cual siempre hay una planta para curar una enfermedad. La misma época de la civilización que ha causado la enfermedad de los dirigentes, ha traído consigo también el auge del deporte, que proporciona un antídoto a todos los hombres amenazados por las enfermedades de la civilización, por sus venenos. Está claro que no se incluyen aquí ni los deportes en los que se participa sólo de forma pasiva, por ejemplo, oyendo por la radio la retransmisión de un encuentro internacional, ni los que se practican por el afán de batir récords.

Pero las formas degeneradas no demuestran nada y el uso impropio de algo no desvirtúa su sentido original. Y aunque resumiendo este problema de la civilización y sus enfermedades, de la enfermedad de los dirigentes y del deporte de compensación, parezca que el hombre va tropezando de una piedra en otra, queda la esperanza de que sean cada vez más pequeñas las faltas que comete.

XIX

¿EUTANASIA O ASESINATO EN MASA?

Es muy frecuente oír –y actualmente se repite a menudo– que quitar la vida a los enfermos incurables, especialmente a los enfermos mentales, constituye en los programas politicoideológicos, que por otra parte se rechazan rotundamente, lo único justificable y «que mejor se puede entender». Como es sabido, a los enfermos se les ha considerado como «vidas que no son dignas de vivirse» por el simple motivo de ser enfermos, y como tales, se les ha amenazado con la destrucción o se ha acabado realmente con ellos. Voy a intentar analizar todos aquellos argumentos que en la mayoría de los casos son sólo el presupuesto inconfesado para adoptar una actitud positiva, afirmativa, ante el problema de la eutanasia y presentar argumentos contrarios lo más indiscutibles y consistentes posible.

Como se trata sobre todo de enfermos mentales incurables, cuyo derecho a la vida se discute por considerarles vidas sin sentido, sin valor, «no dignas de vivirse», tenemos que plantearnos en primer lugar la siguiente pregunta: ¿Qué significa «incurable»? En vez de dar una serie de explicaciones que ustedes, como no especialistas, quizá no entenderían y sobre todo no podrían controlar, me limitaré a exponerles un caso concreto que yo mismo he vivido. En sin hospital había un hombre joven que se encontraba en un estado de inhibición. Hacía cinco años que no había dicho una sola palabra, no comía por sí solo, sino que había que alimentarle artificialmente por la nariz con la ayuda de un tubo, y estaba día tras día tumbado en la cama, por lo que se atrofió la musculatura de sus piernas. Si durante una de las visitas que los estudiantes de medicina realizan tan a menudo al hospital les hubiera mostrado este caso, seguro que alguno de ellos me habría preguntado: «Díganos en serio, doctor, ¿no sería mejor acabar con una persona así?» El tiempo le habría dado la respuesta. Un día, sin ningún motivo aparente, el enfermo se incorporó en la cama, pidió que se le diera la comida normalmente y expresó su deseo de salir de la cama para empezar los ejercicios que le ayudarían a volver a andar. Por lo demás se comportaba de forma totalmente normal, es decir, conforme a su situación. Los músculos de las piernas comenzaron poco a poco a ser más fuertes, y tras pocas semanas el paciente fue dado de alta. Poco después no sólo volvía a trabajar en su profesión anterior, sino que además daba conferencias en una de las universidades de Viena, relatando viajes por el extranjero y excursiones alpinas que había realizado en tiempos pasados y de las que conservaba numerosas fotografías. En cierta ocasión, tras invitarle yo a pronunciar una conferencia sobre su vida interior durante los cinco años críticos de su estancia en el hospital, habló también ante un pequeño grupo de psiquiatras. Describió interesantes vivencias de toda clase de aquella época, lo que nos permitió formarnos una idea no sólo de la riqueza psíquica que se había ocultado tras la «pobreza exterior de movimientos» (tal como se suele decir en psiquiatría), sino también de los numerosos e interesantes detalles del acontecimiento «entre bastidores», del acontecimiento que no puede ni siquiera imaginarse un médico que sólo hace visitas y que aparte de éstas no llega a ver nada. El enfermo recordaba todavía, a pesar de los años, este o aquel suceso, con gran pesar por parte de algún enfermero que no había contado con que un día el paciente se curara y revelara sus recuerdos.

Aun suponiendo que en un caso concreto se trate de un enfermo incurable según la opinión general, ¿quién nos dice a nosotros durante cuánto tiempo se va a considerar incurable este caso, o sea, la enfermedad en cuestión? ¿No hemos visto en la psiquiatría, precisamente en las últimas décadas, que los trastornos mentales que hasta entonces se pensaba que eran incurables al final se podían aliviar, si no curar del todo, con algún método terapéutico? ¿Quién nos dice a nosotros que el caso concreto de trastorno mental que nos ocupa no puede ser tratado con un método curativo en el que se está trabajando precisamente ahora en algún lugar, en una clínica cualquiera, sin que nosotros lo sepamos?

Sé perfectamente qué tipo de objeciones están pensando ustedes en este momento. Por ello pasaré inmediatamente a hablar de los argumentos generales, fundamentales contra la eliminación de un enfermo mental. Tenemos que plantearnos lo siguiente: suponiendo que fuéramos lo suficientemente sabios como para hablar con absoluta seguridad de incurabilidad no sólo momentánea sino permanente, ¿quién le da al médico el derecho a matar? ¿Es la sociedad humana quien le otorga este derecho al médico por ser médico? ¿No está el médico obligado a salvar, a ayudar cuando pueda y a asistir al enfermo aunque éste no se pueda curar? El médico no es el juez que decide la vida o la muerte del enfermo que se le confía, o que se pone él mismo en sus manos, por lo que no tiene derecho –ni debe adjudicárselo nunca– a emitir una sentencia sobre el mayor o menor valor de la vida de una persona aparente o realmente enferma.

Imagínense ustedes lo que sucedería si este «derecho» (que el médico no tiene) pasara a ser una ley (aunque sólo fuera un convenio tácito): estoy convencido de que se acabaría para siempre la confianza que los enfermos y sus familiares tienen puesta en el médico, pues nadie sabría nunca si éste se le acerca como asistente y salvador o como juez y verdugo.

Ustedes harán más objeciones; quizá opinan que los argumentos alegados en contra no son convincentes si no nos preguntamos sinceramente si no tiene el Estado el deber de reconocerle al médico el derecho a eliminar a los individuos inútiles, que no sirven para nada. Se podría pensar que el Estado, como guardián de los intereses generales, tiene que liberar a la sociedad de la carga que suponen estos individuos tan «improductivos», que sólo quitan el pan a las personas sanas y trabajadoras. Si se trata de un «consumo» de bienes como los alimentos, las camas de hospital, el trabajo de médicos y enfermeros, etc., no es necesario discutir este argumento si nos damos cuenta de una cosa: un Estado al que le van las cosas tan mal en el aspecto económico que se ve obligado a eliminar a la insignificante proporción de incurables para ahorrar así en los bienes mencionados, ha fracasado económicamente hace ya tiempo.

Pero en lo que concierne a la otra parte de la pregunta, al hecho de que los enfermos incurables ya no son útiles para la comunidad humana, de que su asistencia es «improductiva», habría que recordar que la utilidad para la sociedad nunca ha sido ni será la única medida que tenemos derecho a utilizar con un ser humano. Qué improductiva es la vida de una pobre mujer que está en casa, casi paralítica, sentada en una butaca delante de una ventana, sin pensar en nada, y sin embargo le rodea el cariño de sus hijos o de sus nietos. Este amor la convierte en una abuela, y como tal, la hace tan insustituible e irreemplazable como lo es en su trabajo cotidiano otra persona cualquiera que ejerce su profesión.

Ahora estoy preparado para responder al siguiente argumento: todo esto es cierto, pero apenas se puede aplicar a aquellos pobres seres que tienen sin motivo el calificativo de «personas», por ejemplo, a los niños idiotas, absolutamente retrasados mentales. Ustedes se asombrarán –lo que no le sucede al psiquiatra que cuenta con una cierta experiencia– si les digo que estamos viendo continuamente cómo los padres cuidan y atienden con gran cariño a estos niños. Permítanme leerles un trozo de una carta de una madre que perdió a su hijo en la redada del conocido programa de eutanasia (la carta se publicó en un diario de Viena): «Por una deformación prematura de los huesos del cráneo en el vientre materno, cuando mi hijo nació el día 6 de junio de 1929 era ya un enfermo incurable. Yo tenía entonces 19 años. Diviné a mi hijo y lo amé sin límites. Mi madre y yo hacíamos cualquier cosa para ayudar al pequeño gusano, aunque todo fue en vano. El niño no podía andar, ni podía hablar, pero yo era joven y no perdía la esperanza. Trabajaba día y noche sólo para poderle comprar a mi querido gusanito preparados alimenticios y medicamentos. Cuando yo ponía su pequeña y delgada manita sobre mi hombro y le decía: '¿Me quieres?', él se apretaba muy fuerte contra mí, se reía y me ponía torpemente la mano en la cara. Yo era entonces feliz, a pesar de todo, infinitamente feliz.» Creo que sobra cualquier comentario.

Ustedes podrían sostener todavía la idea de que el médico que mata a un enfermo incurable actúa en los casos de trastorno mental mencionado en representación de la propia voluntad del paciente, ya que esa voluntad está precisamente «trastornada». Como el enfermo, debido a su perturbación mental, no puede percibir por sí mismo su propia voluntad y sus intereses, el médico, como abogado de esa voluntad, está no sólo autorizado sino también obligado a provocar la muerte. Este homicidio sería una acción que vendría a sustituir al suicidio que sin duda llevaría a cabo el enfermo si supiera cómo están las cosas a su alrededor. Lo que tengo que decirles contra este argumento, lo voy a exponer también en un caso que yo mismo he vivido. Cuando yo era joven trabajaba como médico en una clínica de medicina interna en la que ingresó un día un joven colega. El diagnóstico lo traía él mismo y era correcto: un cáncer maligno muy peligroso, imposible de operar. Se trataba de una forma especial de cáncer –la medicina lo denomina melanosarcoma–, que se puede comprobar a través de una reacción determinada en la orina. Intentamos engañar al paciente cambiando su orina por la de otro enfermo y mostrándole el resultado negativo de la reacción. ¿Qué hizo él? Se introdujo de puntillas a media noche en el laboratorio y comprobó allí la reacción en su propia orina, para sorprendernos al día siguiente con su resultado positivo. Nada nos podía sacar ya de este apuro y sólo nos quedaba esperar el suicidio del colega. Cada vez que tenía permiso para salir –lo que no le podíamos prohibir– para ir, como hacia siempre, a un café cercano, temblábamos ante la idea de que nos comunicaran que se había envenenado allí, en los servicios. Pero, ¿qué sucedió en realidad? Cuanto más avanzaba la enfermedad, más empezaba el paciente a dudar de su diagnóstico. Cuando le aparecieron metástasis en el hígado se diagnosticó hepatopatías inofensivas. ¿Qué había sucedido? Cuando más se acercaba la muerte, más se despertaba en él el deseo de vivir y menos quería reconocer que estaba próximo el final de su vida. Se puede pensar sobre esto lo que se quiera; es un hecho, y por tanto indiscutible, que en este caso nació un deseo de vivir, lo que nos tiene que convencer de una vez para siempre de que no tenemos derecho a negar a ningún enfermo la vida que tanto desea.

Tenemos que defender también esta tesis cuando, como médicos, nos vemos ante un hombre que ha demostrado que no tiene ya ningún deseo de vivir. Me refiero a los suicidas. Yo creo que en un intento de suicidio el médico tiene no sólo el derecho, sino también la obligación, de intervenir, de salvar y ayudar todo lo que pueda. ¿Significa esto enfrentarse al destino? No. Se enfrenta al destino el médico que no presta ayuda a un suicida, pues si el «destino» hubiera querido que el suicida muriera, habría encontrado los medios necesarios para que no cayera a tiempo en las manos de un médico.

XX

EL PODER DE OBSTINACIÓN DEL ESPÍRITU

Sucede a menudo que el psicoterapeuta, el «médico del alma», le expone a su paciente, al enfermo mental, lo que tiene que hacer, cómo debe comportarse, pero el enfermo le explica al terapeuta que no puede hacerlo, que es imposible, que no tiene la fuerza necesaria para esto o aquello, en una palabra, que tiene una voluntad débil.

¿Existe realmente la debilidad o la firmeza de voluntad? ¿O hablar de ellas es una simple disculpa? Se suele decir que donde hay voluntad hay también un camino. Yo quisiera modificar esta frase, y me atrevería a afirmar que donde hay un objetivo, allí hay también una voluntad. En otras palabras, quien tiene bien claro un objetivo y aspira de verdad a alcanzarlo, nunca se quejará de que carece de fuerza de voluntad. Pero, por desgracia, tales personas no sólo se disculpan por su presunta falta de voluntad, sino que también afirman que no se pueden ayudar a sí mismas, que no pueden hacer otra cosa porque no existe la libertad de voluntad. Queda por saber qué es lo que dice a este respecto la práctica psicoterapéutica, la experiencia neurológica. ¿Será cierto lo que nos quiere hacer creer la «pseudoerudición», normalmente mal interpretada, pero que no por eso ha dejado de extenderse entre la gente y según la cual, por citar a modo de ejemplo a un investigador de California, el hombre se encuentra bajo la tiranía de las glándulas germinales, sus hormonas son su destino y las ideas morales de una persona dependen única y exclusivamente de sus glándulas? ¿O, por el contrario, según dijo en cierta ocasión el propio Sigmund Freud, el hombre es un ser dominado por sus impulsos (cito textualmente), y el yo, tal como decía Freud, no es el amo de su propia casa?

A nadie se le ocurrirá discutir que el hombre posee impulsos. En la época de Freud era necesario que alguien le quitara la máscara a una sociedad tan mojigata por un lado como lasciva por otro y le pusiera un espejo delante. Freud se daba cuenta de esta función, de su misión. En una conversación con el psiquiatra suizo Ludwig Binswanger mencionó: «La humanidad sabe que tiene espíritu; yo le he tenido que mostrar que tiene también impulsos.»

¿No han cambiado el mundo y la sociedad desde entonces? ¿Se puede afirmar todavía hoy que el hombre sabe que es también un ser espiritual? ¿O, por el contrario, olvida su espiritualidad y, con ello, que es libre y responsable? ¿No es cierto que el hombre actual está dispuesto a reprimir su espiritualidad –utilizando la expresión del psicoanálisis–, igual que en su momento, en la época de Sigmund Freud, no quería saber nada de sus pulsiones?

Es fácil demostrar que el hombre de hoy está harto o, si se quiere, cansado espiritualmente. Le gustaría acabar con su espiritualidad y con su libertad y su responsabilidad. Si este hastío y este cansancio espiritual son los síntomas de lo que se podría denominar la enfermedad de nuestro tiempo, entonces la tarea de la psicoterapia actual consiste –desde otra posición, desde una posición opuesta a lo que Freud hizo (a lo que Freud tuvo que hacer)– en analizar las neurosis colectivas de nuestro siglo. El profesor Kraemer ha indicado muy bien que está comenzando a perfilarse una nueva época en la psicoterapia, de forma que el espíritu que hasta ahora siguiendo a Ludwig Klages, se consideraba, como enemigo del alma, la nueva tendencia, por el contrario, convierte al espíritu en su aliado fiel en la lucha por la curación del alma. Podemos formular también esta idea dando la vuelta a la afirmación de Freud: el hombre de hoy sabe perfectamente que posee impulsos; lo que tenemos que enseñarle es que tiene también espíritu, que tiene espíritu, libertad y responsabilidad. Lo que tenemos que hacer los psicoterapeutas de hoy, que vivimos en esta época y estamos dispuestos a hacerlo, es volver a hacer al hombre libre de nuevo, libre y responsable.

Pero ustedes se preguntarán: ¿No es precisamente la ciencia, las ciencias naturales, y en especial la neuropsiquiatría, la que parece demostrar continuamente cuánto depende el destino del hombre de cosas como la herencia y la educación, la predisposición y el medio ambiente, o si se prefiere una formulación mítica, la sangre y el suelo? ¿No es innato el carácter psíquico del hombre? y el tipo físico, la constitución, ¿no determina el carácter? Quien habla así sólo está demostrando que desconoce por completo lo específicamente humano en la psicología, la biología y la sociología, es decir, en las condiciones y en los hechos físicos, psíquicos y sociales de la existencia humana. El ser hombre en el verdadero sentido de la palabra comienza cuando la persona por decirlo así sobrepasa toda limitación, y eso sucede en virtud de lo que yo suelo denominar el poder de obstinación del espíritu[1].

En esta limitación, que es poderosa pero no todopoderosa, se incluye el propio carácter, en el que el hombre también tiene campo libre. En lugar de ser tan abstracto, voy a poner un ejemplo. Una joven paciente, a la que su médico censuraba su cobardía ante la vida, su disposición a huir de ella, respondió a los reproches con las siguientes palabras: «¿Qué pretende usted de mí, doctor? Soy una hija única típica según Alfred Adler.» Quería decir que no se podía ayudar a sí misma, que nadie la podía ayudar, ya que de acuerdo con las teorías de la psicología individual tenía propiedades que son inalterables. Nos encontramos ante un modo de comportamiento típicamente neurótico, es decir, ante el fatalismo, la creencia en la fuerza del destino. El hombre neurótico tiende a mostrar la siguiente conducta: lo que comprueba en sí mismo, con eso se compromete; lo que encuentra en sí mismo, por ejemplo, en los rasgos de su carácter, con eso se conforma. Olvida que el hombre puede disponer sobre lo que el destino establece y que antes de haberlo hecho o intentado hacerlo no puede hablar del destino. Quien considera su futuro decidido desde un principio será incapaz de dominarlo.

Como ya hemos dicho, se puede decir lo mismo del destino aparente dentro de cada uno, esto es, de las fuerzas internas, de las pulsiones y de los impulsos. Está claro que el hombre tiene impulsos, y nadie, ningún científico, los discutiría. El hombre tiene impulsos, pero los impulsos no lo tienen a él. No tenemos nada contra las pulsiones ni contra el hecho de que el hombre las afirme, pero nos gustaría destacar una cosa: que toda afirmación de los impulsos está determinada y condicionada por el hecho de que el hombre tiene también la libertad de negar un impulso. Así, me gustaría decir que lo primero que se tiene que afirmar, antes que cualquier impulsividad, es la libertad de decir «no». El hombre es el ser que también puede decir «no» –incluso con respecto a si mismo– y que no tiene que decirse siempre «amén» a sí mismo. Todo esto queda expresado de forma más simple en lo que yo les digo a mis pacientes cuando, por ejemplo, me explican que son así y así, que tienen esta o aquella propiedad, que se dejan influir fácilmente o que muestran una cierta disposición a dejarse llevar: en una palabra, que tienen una voluntad débil. A estas personas yo les tengo que preguntar: «Bien, admito que usted posea esta o aquella propiedad, pero ¿es necesario condescender siempre consigo mismo?»

Volvamos de nuevo al punto de partida: el hombre posee impulsos, pero tiene también libertad. Esto es lo que lo diferencia de los animales, pues el animal no tiene impulsos, sino que, en realidad, el animal es sus impulsos, mientras que el hombre tiene que identificarse en cada caso con uno de sus impulsos, lo que sucede precisamente cuando afirma dicho impulso. Por otro lado, la idea de que el hombre tiene libertad no es del todo correcta, ya que en realidad habría que decir: igual que el animal es sus impulsos, el hombre es su libertad. Pues el ser humano puede perder lo que tiene, pero no la libertad. Incluso cuando prescinde de ella, cuando renuncia a ella, lo hace voluntaria y libremente.

Sé que existen escuelas filosóficas que niegan la libertad. Estos filósofos admiten que el hombre se siente libre, pero que en realidad no es libre, sino que esa sensación de libertad es una ilusión. Otros filósofos sostienen lo contrario, dicen que el hombre no sólo se siente libre, sino que es libre. Así, una afirmación se opone a la otra. El neurólogo no puede zanjar esta discusión entre los filósofos, pero quizá pueda llamar la atención sobre el hecho de que en psiquiatría se conocen estados psíquicos excepcionales, en los que el hombre no se siente libre. Estos estados excepcionales no se dan sólo en los casos de trastorno mental, sino que se pueden provocar en probandos normales. Basta con ingerir una cantidad insignificante de una sustancia química, del denominado LSD, para caer en un estado de intoxicación que sólo dura unas pocas horas, pero que va acompañado de trastornos sensitivos muy peculiares. Los probandos comentan, por ejemplo, que sienten como si su propio cuerpo se hubiera transformado; los miembros les parecen extraordinariamente grandes y los rostros que ven a su alrededor, desfigurados, como si los hubiera pintado un artista surrealista. Lo que a mí me parece más interesante es el hecho de que muchos cuentan que en ese estado de intoxicación por ácido lisérgico se sienten como si fueran autómatas, marionetas o títeres. ¿Qué quieren decir con ello? Que no se sienten libres. Nosotros podemos decir lo siguiente: si sucede en realidad lo que dicen ciertos filósofos, esto es, que el hombre, o mejor dicho su voluntad, no es libre, entonces necesita intoxicarse, por ejemplo, con ácido lisérgico para convencerse de esta realidad. A mí me gustaría preguntar: ¿Qué verdad es ésta que sólo se puede alcanzar si se ha tomado antes una neurotoxina? ¿Qué es más probable: que el hombre normal no sea un ser libre, es decir, que no tenga una voluntad libre y no se dé cuenta de ello porque se engaña a sí mismo, y que sólo se pueda librar de esta ilusión mediante la dietilamida del ácido lisérgico, o que, por el contrario, se sienta libre y sea también libre, y que una neurotoxina como el ácido lisérgico sólo sirva para hacerle olvidar su libertad? La solución la confío al sentido común de cada uno. Pero no olvidemos una cosa: el juicio sobre la libertad o la falta de libertad del hombre no es una cuestión de la teoría, sino sobre todo de la práctica, de la acción, aquí y ahora.

XXI

EL PROBLEMA CUERPO-PSIQUE DESDE EL PUNTO DE VISTA CLÍNICO

¿Quién de nosotros no ha utilizado alguna vez expresiones como las de que algo le «oprime el corazón», que tiene a alguien «atravesado en la garganta» o que ha tenido que «tragar» algo? Muy pocas veces nos damos cuenta de la sabiduría que encierran tales expresiones, pues no se trata de que la lengua utilice imágenes, sino que reproduce un hecho real.

Ciñámonos al ejemplo del «trago». Un investigador italiano se ha tomado la molestia de realizar el siguiente experimento: hipnotizó a sus probandos y les convenció de que eran unos pobres empleados y que su jefe era un desagradable patrón que les molestaba y maltrataba, de forma que ellos sufrían bastante por la presión que tenían que soportar; ellos no podían protestar, sino que tenían que «tragar» todo. ¿El resultado? El investigador italiano miró por rayos X a sus pacientes, uno por uno, y observó detenidamente la región del estómago en cada uno de ellos. Resultó que todos los probandos se habían convertido en «aerófagos», es decir, en las radiografías se podía ver claramente que su estómago estaba hinchado debido a una acumulación anormal de aire, el aire que acababan de tragarse inconsciente e involuntariamente. De forma igualmente inconsciente e involuntaria se produce este proceso en los pacientes que sufren la denominada aerofagia y en los que el estómago hinchado –debido a la elevación del diafragma y a la presión ejercida desde abajo sobre el corazón– provoca molestias de distinto tipo, si bien inofensivas. Si se observa el historial de estos enfermos es normal comprobar que han tenido que «tragar» algo, y no sólo aire, sino alguna vivencia, algo desagradable que les ha sucedido y en lo que prefieren no pensar.

Ustedes mismos pueden ver que hoy, cuando la medicina conoce ya estas relaciones cuerpo-alma, no se examina ni se trata al hombre enfermo de forma que sólo se vea la enfermedad y no a la persona, es decir, no a la persona como un ser que vive y sufre, como el homo patiens.

Todos sabemos que ha sido la denominada medicina psicosomática la que se ha ocupado de las estrechas relaciones entre lo corporal y lo psíquico. Afortunadamente, lo ha hecho sin excederse y obrando como si toda enfermedad, incluso las orgánicas, se basara en una vivencia determinada.

Solamente enferma –éste es el principio de la medicina psicosomática– quien se mortifica. Pero esto no es cierto. Si se dice que, por ejemplo, una angina de pecho se debe –a veces consciente, a veces inconscientemente– a una excitación provocada quizá por el miedo; yo tengo que decir que no es sólo la excitación provocada por el miedo la que puede producir un ataque cardíaco, sino también la excitación provocada por la alegría. Se han dado casos de madres que han sufrido un ataque al corazón cuando sus hijos han vuelto después de permanecer durante muchos años como prisioneros de guerra. El cuerpo del hombre es, sin duda, un espejo de su psique; pero aunque este espejo tenga manchas, la psique que refleja puede ser totalmente normal. Así, un suceso físico no es siempre la expresión de una vivencia psíquica, y una enfermedad física no tiene por qué ser una señal de que en la psique del enfermo hay algo que no está en regla.

No olvidemos, pues, que lo psíquico puede reflejarse en lo corporal; pero si nos preguntamos si, por el contrario, lo físico, lo corporal, lo material puede repercutir en lo psíquico, en lo espiritual, para contestar afirmativamente a esta pregunta y justificar mi afirmación podría remitirme a una serie de experiencias. Me limitaré a presentar algunos ejemplos partiendo del siguiente hecho clínico: existen personas que sufren una hiperfunción de la glándula tiroides; esta particularidad física va acompañada de una propiedad psíquica determinada, ya que este tipo de pacientes, según he podido comprobar, tienden a mostrar no sólo una excitación general provocada por el miedo, sino también una agorafobia. Mediante la administración de los medicamentos adecuados, es decir, mediante una terapia destinada a frenar la hiperfunción de la glándula tiroides se puede suprimir, sin más, tanto el trastorno de la función hormonal como el miedo que le acompaña. Lo que más nos interesa en relación con el problema de la unidad cuerpo-psique es lo siguiente: si fuera ingenuo en mis conclusiones, si obrara de forma irreflexiva, deduciría que todo este miedo es en realidad una preocupación interior; de lo anteriormente dicho se desprende que una hiperproducción de hormonas en la glándula tiroides hace que la persona afectada tenga miedo; por consiguiente, sigo deduciendo, la conciencia moral «no es otra cosa que» hormonas de la glándula tiroides.

Ustedes encontrarán –como yo mismo– absurda y ridicula esta deducción. Sin embargo, un profesor de una facultad de medicina de California ha llegado a conclusiones similares. No parte de la hiperfunción de la glándula tiroides, sino de lo contrario, de su hipofunción. Afirma esencialmente lo siguiente: si se le administran hormonas de la glándula tiroides a un cretino, esto es, a un individuo que sufre una hipofunción de dicha glándula y que por ello ha quedado retrasado su desarrollo mental, se podrá observar y demostrar mediante los análisis correspondientes cómo aumenta su cociente de inteligencia. En una palabra, la persona afectada recibe nuevas facultades intelectivas. Así –según deduce nuestro colega californiano– el espíritu «no es nada más que» hormonas de la glándula tiroides.

Tomemos otro ejemplo. Hay personas que sufren una sensación muy peculiar: todo les parece lejano y se ven extrañas a sí mismas. Los psiquiatras hablamos en tales casos de una vivencia de alienación o de un síndrome de despersonalización. Aparece en distintas enfermedades mentales, pero es totalmente inofensivo. Podríamos decir que este síntoma desaparece en ciertos casos con unas pocas hormonas de la corteza de los suprarrenales. Vuelve a aparecer entonces el sentimiento normal de la propia personalidad, la vivencia normal del yo. A mí no se me ocurre sacar de todo esto la conclusión de que la personalidad del hombre, el yo, no es «nada más que» una hormona de la corteza de los suprarrenales.

Analizando todo esto con detalle quedan claras las conclusiones erróneas y las faltas de lógica que debemos evitar al hablar de las relaciones entre el cuerpo y la psique: tenemos que acostumbrarnos a distinguir entre condicionar y causar o producir. Así, una glándula tiroides o una corteza de los suprarrenales que funcionen normalmente son condiciones previas para una vida psíquica y espiritual normal, pero esto no quiere decir que lo espiritual sea producido en el hombre por los procesos químicos en los que se basa la producción de hormonas en el organismo.

Acabo de hablar del organismo. Éste es la suma de órganos, es decir, de herramientas, de instrumentos. De hecho, lo espiritual se comporta en el hombre –del que acabamos de decir que no lo produce la química y que, por tanto, no se puede explicar a partir de ella– como un músico con su instrumento. Con ello quiero decir que el espíritu del hombre, para poderse desarrollar, necesita como condición básica un organismo que funcione como es debido, igual que un músico precisa un buen «instrumento». No puede prescindir de él, ya que depende precisamente de él; pues ni el mejor músico puede interpretar bien una pieza en un instrumento malo, por ejemplo, en un piano desafinado. ¿Qué sucede cuando el piano está desafinado? Se busca una persona que lo afine y vuelva a dejar el instrumento en buen estado. Pero desafinado puede estar no sólo un piano sino también un hombre. Puede caer en un estado de desazón, en un estado depresivo. ¿Y qué hacemos nosotros entonces? En ciertos casos tratamos a la persona afectada con ayuda del electroshock, y el resultado es que surge en su vida afectiva un nuevo gozo de vivir. Pero al igual que antes decíamos que no se puede deducir que las hormonas de la glándula tiroides sean lo mismo que una facultad intelectual, tampoco ahora se puede sacar la conclusión de que el nuevo gozo de vivir es lo mismo que la electricidad.

A estas conclusiones erróneas no nos lleva sólo la denominada psicoquímica, es decir, la fascinación por parte de los distintos procesos químicos antes descritos, que han resultado ser una base necesaria (pero no suficiente) para alcanzar una vida psíquica normal; también lo que se ha descrito en cierta ocasión como psicocirugía nos lleva a lo que L. Klages denomina una observación supersticiosa del cerebro. Las medidas quirúrgicas, las intervenciones del cerebro pueden cambiar las condiciones que hacen posible una vida espiritual normal; estas condiciones se pueden modificar y corregir, es decir, si las circunstancias lo permiten, se pueden normalizar cuando son patológicas. Pero el bisturí del cirujano no puede llegar al espíritu del hombre. El suponer esto es un puro materialismo, pues el espíritu, el alma humana, no tiene su «sede» en el cerebro. Klages llama la atención sobre el hecho de que la tarea de la investigación del cerebro no consiste en buscar la «sede del alma», sino las condiciones cerebrales necesarias para que se desarrollen los procesos psíquicos. Para explicar esto hace una acertada comparación: alguien quita un fusible en un determinado lugar iluminado con luz eléctrica y ésta se apaga; nadie, dice Klages, considerará el lugar donde estaba el fusible como la «sede de la luz».

A partir del hecho de que resulta inadmisible hablar de una localización del alma en el cerebro, no se puede sacar la conclusión de que no existe el alma. Este tipo de argumentación me recuerda la siguiente experiencia: con ocasión de un debate público me preguntó un joven obrero si le podía mostrar el alma, por ejemplo, analizando el cerebro a través del microscopio, pues él no creía que existiera. Yo le respondí preguntándole que por qué le interesaba la prueba del microscopio y su contestación fue: «Bien, por el deseo de buscar la verdad.» Yo entonces me vi obligado a preguntarle de nuevo: «¿Y su afán de conocer la verdad, qué es, algo físico o algo psíquico?» Él tuvo que admitir que era algo psíquico. En una palabra, lo que buscaba y no podía encontrar era el punto de partida de toda su búsqueda.

XXII

EL ESPIRITISMO

Una ola de superstición se está apoderando de nuevo de la gente; me refiero sobre todo a la superstición que se esconde tras expresiones científicas como espiritismo u ocultismo. Parece ser cierto, según dijo Scheler en cierta ocasión, que el hombre tiene o un Dios o un ídolo. Nosotros podemos añadir que el hombre o tiene fe o cree en una superstición. Se puede entender así el hecho de que la desorientación con respecto a lo espiritual, hoy tan extendida, es decir, esta forma de incredulidad, la escasa creencia en lo espiritual como una realidad, ha llevado a que estas personas desorientadas se interesen por los «espíritus». Como es lógico, no se trata ni de la investigación parapsicológica introducida por el científico americano Rhine, digna de ser tomada en serio, ni de la problemática teológica en torno a los milagros: los actos sobre esto último ya están cerrados, mientras que los actos sobre la seriedad científica de la investigación parapsicológica están todo lo contrario de cerrados.

Pero, como hemos dicho, nuestro tema de hoy no tiene nada que ver con todo esto. Vamos a hablar más que nada del denominado espiritismo, que se caracteriza a sí mismo como tal y cuyos «experimentos» se basan en mayor o menor medida en el engaño y en la ilusión. Vamos a hablar de él porque desde el punto de vista de la higiene psíquica –que es el punto de vista de mis conferencias– no está exento de peligro. Conozco –al igual que cualquier psiquiatra con experiencia– una serie de casos en los que personas propensas a padecer una enfermedad mental la contrajeron realmente al entrar en un círculo espiritista; el espiritismo no fue la causa de su enfermedad mental, pero sí la desencadenó. En otros casos, el hecho de que alguien se dedique de pronto al espiritismo puede considerarse como el primer síntoma de un trastorno psíquico.

Cualquier persona con sentido común se da cuenta de estas cosas; pero, sin embargo, estas personas normales también se dejan engañar con facilidad. Una señora se dirigió a mí en cierta ocasión para que le examinara su capacidad «sobrenatural» de reconocer enfermedades ocultas, desconocidas; la llevé a la clínica neurológica, y después de que anticipara allí toda clase de cosas absurdas mediante explicaciones teóricas, intentó demostrar en la práctica la capacidad que decía tener. Pero todos sus diagnósticos fueron erróneos, incluso en los casos en que existían indicios claros para establecer un diagnóstico correcto. Me quedé muy sorprendido cuando oí decir a un famoso científico de Viena que había visitado a esa señora y que le había impresionado profundamente sus diagnósticos. Personalmente opino que no está completo ningún examen científico que no sea realizado por especialistas que están prevenidos contra un fraude astuto; me refiero a los hábiles magos, de quienes pueden aprender hasta los más expertos criminalistas. En el caso mencionado, la señora con poderes «sobrenaturales» se sometió, por lo menos, a un examen clínico, y además voluntariamente. Tales hombres y mujeres suelen rehusar normalmente este tipo de exámenes. De hecho, en la literatura científica de los últimos años sólo se ha estudiado clínicamente un caso, el de Mirin Dajo. (En lo sucesivo me basaré en los resultados de la investigación de los clínicos suizos Schläpfer y Undritz.)

Mirin Dajo decía ser invulnerable gracias al poder de su espíritu sobre su cuerpo. Para demostrar este poder y su invulnerabilidad todas las noches se introducía un florete en el pecho en el teatro de variedades suizo y se atravesaba así el corazón, al menos esto es lo que afirmaban los espectadores. Nos encontramos ante un caso de sugestión colectiva, pues si el florete atravesaba realmente el pecho, lo hacía siempre por el lado derecho, tal como se pudo comprobar después. Pero, ¿por qué no sangraba Mirin Dajo nunca? Para explicar esta cuestión no tenemos que recurrir a la sugestión colectiva, sino que se debía a que el florete tenía el filo redondeado y, por tanto, no cortaba. En contraposición a una bala que tiene la punta también redondeada, que provocaría sin duda una herida, el florete se introducía lentamente en el cuerpo de Mirin Dajo y gracias a ello se podían apartar los vasos sanguíneos, por lo que no se cortaban. Tampoco se rompían porque los tejidos son elásticos, y si un vaso fuera roto alguna vez, la elasticidad de los tejidos haría que se volviera a cerrar.

Pero en el caso de Mirin Dajo no era importante sólo la sugestión colectiva, sino también la autosugestión. Esto afirmaron al menos los clínicos que examinaron a nuestro personaje. Al fin y al cabo, es imaginable que fuera la autosugestión, esto es, la insensibilidad, la que conseguía que no se viera nada de sangre en el lugar de la punción. Esto me recuerda a una enfermera que durante un curso de hipnosis para médicos se ofreció voluntariamente como modelo para que yo pudiera demostrar con ella todo lo relacionado con el tema de la hipnosis. Mediante la sugestión le dejé insensible un punto determinado del antebrazo. Para mostrar a los participantes en el curso que este punto había quedado insensible, pellizqué su piel y la atravesé con una aguja hipodérmica, sin que el probando hiciera el más mínimo movimiento; ni siquiera sangró cuando retiré la aguja, sino que el lugar de la punción se cubrió de sangre cuando la enfermera despertó de la hipnosis.

En el caso de Mirin Dajo no se trataba, a mi modo de ver, de autosugestión, pues no es tan sorprendente el hecho de que después de autolesionarse repetidas veces no tuviera fuertes dolores: en primer lugar, los órganos internos que señalaron los que le examinaron no son, en general, sensibles al dolor. Sólo mencionaré la paradoja de que, por ejemplo, el cerebro, esto es, precisamente el órgano «con cuya ayuda» sentimos el dolor, es insensible al dolor, lo que queda demostrado por el hecho de que una intervención en el cerebro se suele realizar con anestesia local, es decir, estando el paciente totalmente consciente. La punción de la piel duele, y en esto juega un papel importante la autosugestión, pues si no, no sería nada extraordinario. Si tengo que realizar a un paciente miedoso una punción lumbar, es decir, un corte en la espina dorsal, suelo prometerle que con la novocaína le voy a dejar insensible el trozo de piel correspondiente, y mientras él piensa que le estoy inyectando esta sustancia y está convencido de que ya no puede sentir nada, ya he terminado la punción. Se han dado casos en que los pacientes no se lo podían creer, por lo menos antes de que yo les mostrara la probeta con el líquido cefalorraquídeo: no habían sentido nada.

Normalmente no se necesita la anestesia local, pues por lo general el enfermo soporta también el dolor de un pinchazo dominándose a sí mismo en bien de su salud, de su curación.

Lo que tienen que aguantar sin pestañear miles y miles de pacientes a los que cada día pinchan y puncionan cientos y cientos de médicos, ¿no puede soportarlo también cada noche un artista de variedades para ejecutar su truco sin mover tampoco una pestaña? Cuando está ahí arriba, en el escenario del teatro y, tras realizar todo tipo de misteriosas preparaciones, se pincha con gran aplomo en una mejilla con una aguja lo más larga posible, causa una gran impresión, tiene como efecto una sugestión colectiva, y el espectador olvida que el fakir que está en el escenario no hace otra cosa que lo que puede hacer él mismo en la consulta del médico, si bien no recibe, como el fakir, unos honorarios por ello.

En el caso de Mirin Dajo el motivo no era el sueldo, sino su idealismo, su pacifismo. Con sus experimentos y demostraciones sólo pretendía resaltar estos valores. *De mortuis nil nisi bene,* de los muertos sólo se recuerda lo bueno. Y Mirin Dajo está muerto; murió después de tragarse un instrumento afilado, del tipo de un puñal, para demostrar que podía «desmaterializarlo». Los médicos le habían prevenido, pero todo fue en vano. Luego le tuvieron que operar, también en vano. Al final le hicieron la autopsia, y consiguieron redactar así un dictamen completo, incluyendo el resultado de dicha autopsia. Es trágico mencionar este caso, y no recomiendo a nadie que lo imite. La Biblia nos dice que algún día las espadas se convertirán en arados, pero no se colabora en nada a la paz mundial, tal como deseaba Mirin Dajo, clavándose un florete en el pecho.

El poder del espíritu se puede demostrar mejor, de forma más convincente y menos peligrosa, por otra vía. Lo espiritual no necesita nada de lo antes dicho, y las sesiones de espiritismo con o sin conjuros no aumentan su poder. Existe lo espiritual, pero tiene otras cosas que hacer que tirar objetos a través de habitaciones oscuras; y el espíritu, en el que interviene también el hombre, no tiene nada que ver con mesas que se mueven. Yo creo que a través de estas prácticas y de cara al hombre llano y sencillo y a su sentido común libre de prejuicios, se desacredita la realidad espiritual del hombre, lo espiritual en el mundo, en lugar de fomentarlo, para lo que tenemos en la actualidad toda una serie de motivos.

XXIII

¿QUÉ OPINA EL PSIQUIATRA SOBRE EL ARTE MODERNO?

Nada más plantear la pregunta: ¿Qué opina el psiquiatra sobre el arte moderno?, surge otra cuestión: ¿Puede hablar realmente el psiquiatra sobre arte moderno? En una palabra: ¿entiende de este tema? A esto habría que contestar lo siguiente: sobre arte moderno se ha hablado ya mucho –tanto en forma de habladurías como de auténticas conferencias–, y se han dicho cosas en contra y a favor. Así, el arte moderno ha caído en la situación de un reo. ¿Es, por tanto, tan extraño que tras recibir tantas acusaciones sea necesario un dictamen, un dictamen psiquiátrico, el dictamen de un especialista en psiquiatría?

Abordemos el primer problema: el psiquiatra no es un especialista en ello, al menos no en este sentido, sino que en realidad es, por así decirlo, un «especialista en personas». Como psiquiatra, no entiende nada de arte moderno, pero sí de la persona del artista. Analizando las personalidades de los artistas, me atrevo a confesarles lo siguiente: conozco a una serie de artistas modernos, y debo decir que entre ellos hay algunos que –desde el punto de vista psiquiátrico– constituyen personalidades totalmente normales (yo no les conocí porque fueran mis pacientes); pero a lo largo de los años he conocido también a numerosos pintores neuróticos o psicóticos, y debo aceptar que en general pintaban de forma muy realista o naturalista[1]. Yo establezco el diagnóstico de un trastorno psíquico a partir de unos síntomas, pero nunca se me ocurrirá diagnosticar un trastorno mental teniendo en cuenta un estilo artístico determinado.

Llegamos así a una segunda cuestión: ¿Se pueden sacar de una obra de arte deducciones psiquiátricas sobre su autor? Se han realizado numerosos intentos en este sentido, pero en general lo han hecho simples aficionados a la psiquiatría. Me refiero sobre todo a algunos periodistas y a ciertos críticos de arte que ven hoy de buen tono el analizar en sus críticas teatrales el complejo de Edipo u otro similar.

Todos sabemos que hay algún artista moderno que afirma que él crea más obras bajo la influencia de su subconsciente. Surge así la tercera cuestión: ¿Qué hay que pensar de las denominadas producciones automáticas del inconsciente? Acabo de mencionar que ciertos críticos de arte presumen también de psiquiatras; ahora tengo que decir que los artistas a que nos estamos refiriendo ponen buena cara a este juego falso, participan en él cuando se comportan, por ejemplo, como esquizofrénicos, es decir, cuando actúan como si fueran realmente autómatas de su subconsciente. Pero, y vuelvo a hablar como psiquiatra, representan muy mal este papel.

Seguramente alguien se preguntará cómo son realmente las pinturas de los enfermos mentales auténticos. En relación con esto debo recordar lo que creo que se olvida a menudo: que todas las producciones artísticas, o que quieren serlo, realizadas por enfermos mentales y recogidas y expuestas en hospitales o, por ejemplo, en el primer congreso mundial de psiquiatría celebrado en París, no han sido sólo recogidas sino escogidas. Y la elección se realizó sin duda desde el punto de vista de lo extraño, de lo singular. Pero casi todas las obras que he podido observar durante mis muchos años de trabajo en clínicas psiquiátricas eran –debo decirlo– muy triviales. Es cierto que en el contenido, por ejemplo, en la elección de los temas se descubre siempre la influencia del trastorno psíquico. En cuanto a lo formal, en lo que al estilo se refiere, los psiquiatras no conocemos más que inclinaciones características de ciertas formas de epilepsia, como por ejemplo, la tendencia a representar ornamentos estereotipados.

Por otra parte, no hay que olvidar que la graduación como pintor académico no supone una inmunización contra las enfermedades mentales. Un pintor auténtico, un verdadero artista, puede volverse psicótico. En el mejor de los casos, es decir, si tiene suerte en la desgracia, queda intacto su talento y continúa su producción artística. Si esto ocurre es a pesar de la psicosis, pero nunca debido a ella. Una enfermedad psíquica nunca es en sí productiva; el enfermo no es nunca creador por sí mismo. Sólo puede crear el espíritu del hombre, pero nunca una enfermedad del «espíritu», una enfermedad mental. El espíritu humano puede dar lo último de su fuerza creadora, en oposición a ese horrible destino denominado enfermedad mental.

Cuando esto sucede hay que evitar caer en el error opuesto; es decir, igual que no se le atribuye a la enfermedad en sí ninguna fuerza creadora, tampoco se puede utilizar el hecho de una enfermedad mental en contra del valor artístico de una obra. El psiquiatra no juzga en ningún caso el valor o la falta de valor, lo auténtico o lo no auténtico. La cuestión de si la ideología de Nietzsche es verdadera o falsa no tiene nada que ver con su parálisis; el que los versos de Hölderlin sean bellos o no, no tiene nada que ver con su esquizofrenia. Yo expliqué esto de forma sencilla en cierta ocasión al decir: «2 x 2 = 4, aun cuando lo afirme un es quizofrénico.»[2]

Falta saber si el arte moderno tiene algo en común con las producciones (evito intencionadamente la palabra «creaciones») de las personas que padecen realmente una enfermedad mental, y lo que puede representar este denominador común. A esto habría que responder que, en cierto modo, algunos enfermos mentales se encuentran en una situación similar a la del artista moderno: el enfermo se siente agobiado por la vivencia de «mundos nunca vividos» tal como lo denominó Storch en cierta ocasión; frente a este hecho tan singular, él lucha por expresarse verbalmente y en esta lucha no le bastan las palabras del lenguaje cotidiano, sino que forma palabras nuevas; estos neologismos no son un síntoma de determinadas psicosis, como nosotros, los psiquiatras, vemos a menudo. De forma similar, el artista moderno, que se enfrenta a una serie de problemas –ni más ni menos que la problemática de nuestro tiempo– a los que no se ajustan las formas habituales, ¿es de extrañar que busque formas nuevas? El denominador común que buscábamos se encuentra, así pues, en la necesidad de expresarse, en la crisis de la expresión que sufre tanto el enfermo mental como el artista contemporáneo.

No se debe considerar este hecho común como algo malo de cara al artista; no es ninguna deshonra. En primer lugar, en todas las épocas existe una crisis de expresión como ésta; la época en que se vive se considera siempre «moderna». Y, en segundo lugar, estas crisis de expresión se dan, desde el punto de vista psíquico en todos los ámbitos de la vida espiritual. ¿Es acaso menos acusada en la filosofía o en la psiquiatría modernas? Todos conocemos el estilo tan complicado y los numerosos neologismos introducidos por Martin Heidegger. Hace tiempo decidí hacer el experimento de advertir durante una conferencia que tres frases de mi exposición procedían de una obra de Heidegger, mientras que el resto lo había tomado de una conversación mantenida ese mismo día con una paciente esquizofrénica. Le pedí al auditorio que dijera qué frases creía que habían sido sacadas del libro del famoso filósofo y cuáles se debían a la paciente con un trastorno mental. Debo confesarles que la mayoría de mis oyentes consideraron esquizofrénicas las palabras del gran filósofo, y viceversa; las palabras de un filósofo de quien el conocido psiquiatra suizo Ludwig Binswanger dijo en cierta ocasión que, con una sola frase, Heidegger había hecho pasar a la historia bibliotecas enteras sobre un mismo tema. Supongamos que esto sea así. ¿No tuvo que crear Heidegger palabras nuevas para realizar una tarea histórica de este tipo? Si no tenía suficiente con los términos antiguos, con estas monedas manoseadas, esto puede hablar a lo sumo en contra de la utilidad de nuestra lengua, pero nunca en contra del filósofo o de su estilo lingüístico característico.

Tras esta digresión sobre la necesidad de expresión que siente el artista llegamos al final de la pregunta acerca de si se debe tomar en serio o no el arte moderno. En este sentido quiero destacar que podemos contestar aquí esta pregunta gracias a la aportación que nos ofrece el psiquiatra. ¿Qué significa en este caso «tomar en serio»? Significa tanto como reconocer que una cosa es auténtica, y en relación con la autenticidad, el psiquiatra sólo puede decir una cosa: es posible que este o aquel estilo característico del arte contemporáneo fuera creado en su origen por un artista con un determinado trastorno mental; es posible también que esas personalidades con trastornos y sus creaciones tengan una cierta fuerza de sugestión que instaure una nueva moda. Pero donde hay una moda, allí surgen antes o después los «oportunistas» –siempre los hay–, y entre ellos habrá alguno que no tome del todo en serio ni el arte, ni al público, ni a sí mismo, sino que piense que el mundo snob se quiere dejar engañar.

Admitimos que todo esto es posible; pero para mí, como psiquiatra, está claro que entre los artistas modernos, incluso entre los que hacen las creaciones más atrevidas, siempre hay alguno que por ser auténtico merece que se le tome en serio. Quien haya sido alguna vez, tal como yo lo he sido y como sólo puede serlo un psiquiatra que ejerza su profesión, testigo de la lucha continua y sincera del paciente que se dedica al arte, de su lucha interna por expresar sus intenciones artísticas, me tendrá que apoyar. Quien haya sido, como yo, testigo de cómo uno de estos artistas se conformaba con una obra sólo después de haberla diseñado cien veces o de cómo su conciencia sólo podía admitir el décimo intento, será más prudente en su crítica y más discreto en sus valoraciones precipitadas. Pues sabrá, al igual que yo, que incluso lo que a primera vista parece casual, ha surgido de una necesidad interior.

No sé qué porcentaje suponen estos artistas auténticos, pero tampoco me corresponde a mí contestar a esta pregunta. Si existe uno solo de estos artistas legítimos, auténticos, entonces vale la pena esforzarse por aprender a distinguir entre lo auténtico y lo no auténtico y no precipitarse a rechazar el arte moderno en general y a molestar con este fin a la psiquiatría.

XXIV

EL MÉDICO Y EL SUFRIMIENTO

Está claro que el médico se enfrenta continuamente con el sufrimiento humano, pero puede que sea menos evidente que él tenga que hacer una distinción entre dos tipos de sufrimientos: el necesario y el innecesario. Un sufrimiento innecesario es aquel que se puede suprimir (mediante un tratamiento, es decir, por vía terapéutica) o que se puede evitar (mediante la prevención de enfermedades, esto es, por vía profiláctica, higiénica). Citaré un ejemplo: el médico puede acabar con el sufrimiento eliminando la causa del dolor, por ejemplo, mediante una operación. Se trata entonces de una forma quirúrgica, radical, de curar una enfermedad. Pero no debemos olvidar que no siempre se puede eliminar la causa del dolor, que no toda enfermedad es curable. El médico tiene en este caso también una tarea: aun cuando no puede suprimir la causa del dolor, debe al menos calmarlo. Por lo general, esto no se realiza de forma quirúrgica, mediante una operación, sino que se suele hacer con la ayuda de los medicamentos.

Surge entonces el primer problema, la cuestión de si se debe perseguir a cualquier precio este objetivo de calmar el dolor cuando ya no es posible curar la enfermedad. Así, por ejemplo, el médico puede aliviar los dolores de un paciente teniendo que pagar como precio un considerable acortamiento de la vida del enfermo. Nos encontramos ante el problema de la eutanasia; está claro que ésta es ilícita, pero ya hemos explicado desde aquí en otra ocasión por qué tiene que estar prohibida. La eutanasia se lleva a cabo normalmente por vía medicamentosa (no necesitamos hablar de la forma tan brutal de asesinar con gas a las vidas «que no son dignas de vivirse»). Pero existe también otro procedimiento no medicamentoso: el alivio del dolor mediante la cirugía. Me refiero sobre todo a la operación del cerebro que se denomina leucotomía o lobotomía. Con ella, mediante la sección de los haces fibrinosos entre el tálamo óptico y el lóbulo frontal, se alcanza un estado en el que, aunque continúen los dolores, el paciente ya no sufre. La sensación de sufrimiento se sustrae, por así decirlo, de la situación dolor.

Es frecuente que un paciente al que se le ha realizado una leucotomía o lobotomía muestre tras la operación una cierta falta de interés. En muchos casos esto está ya previsto de antemano, es intencionado, sobre todo en ciertos trastornos psíquicos. Pero cuando la causa de la operación está relacionada con el dolor, esto es, si se intenta aliviar los dolores difíciles de calmar, la transformación leve del carácter es algo con lo que se cuenta ya desde un principio. ¿Cuándo debe aceptar el médico esa transformación del carácter, esta insensibilización de la vida afectiva? ¿Debe tolerarla a cualquier precio? No. Sólo debe permitirla cuando el inconveniente de la enfermedad o los dolores es mayor que el que supondría una insensibilización leve de la vida afectiva. Es decir, antes de comenzar la intervención el médico debe considerar cuál es el mayor y cuál el menor de los males, y elegir este último. Está claro que en cualquier caso el mal va unido a un alivio del dolor. Si yo en un caso, por ejemplo, de un cáncer que no se puede operar, es decir, en un caso en que no se puede eliminar la causa del dolor, pero en el que se pueden calmar los dolores por vía medicamentosa, narcotizo al paciente con morfina, estoy eligiendo el menor de los males. En determinadas circunstancias la dificultad causada por la administración de la morfina puede ser mayor que el que se puede esperar tras una leucotomía, pues con grandes dosis de morfina el paciente se mantiene en un continuo estado de somnolencia, del que no se puede hablar tras una lobotomía.

Vemos, pues, que el sufrimiento del hombre se puede eliminar acabando con la causa del dolor, pero que incluso cuando esto ya no es posible, se puede calmar el dolor y aliviar de este modo el sufrimiento. Pero, ¿qué sucede cuando ya no podemos hacer nada para quitarle a una persona su sufrimiento o cuando ella misma no puede contribuir a liberarse de él mediante una acción activa o pasiva (por ejemplo, dejándose operar)? ¿Qué sucede cuando, en otras palabras, este sufrimiento se convierte en un destino y resulta imposible modificarlo? Pues bien, cuando no se puede dominar ya el destino, hay que aceptarlo. Así, siguiendo en el ejemplo anterior, en los casos en que ya no se puede influir en la enfermedad, no se le exige al paciente que tenga valor y que no sienta miedo ante la operación, sino humildad para soportar y aceptar este sufrimiento inevitable. Cuando no se puede evitar un destino tan duro como éste con una acción, con un hecho, hay que evitarlo con la actitud adecuada. Esto significa que existe no sólo un sufrimiento innecesario, que se puede eliminar, cuya causa se puede suprimir, sino también un sufrimiento necesario, que se convierte en un destino y que se caracteriza porque no se puede erradicar ni se puede evitar. El sufrimiento adquiere entonces un sentido, que consiste precisamente en la actitud con que nos enfrentamos a él, en cómo lo aceptamos: en ese «cómo» se encuentra la posibilidad de alcanzar un sentido y conferírselo a nuestra vida; en una palabra, al hombre incurable y que sufre sin tener esperanza le queda una última oportunidad para encontrar dicho sentido.

He dicho «una» oportunidad, como si fuera una oportunidad cualquiera, cuando en realidad es la oportunidad más importante. Si Goethe dijo la sabia frase: «No hay ninguna situación que no se pueda ennoblecer con trabajo o con paciencia», habría que añadir: el sufrimiento verdadero, el sufrimiento como destino no es sólo un trabajo, sino el trabajo más importante que el hombre puede realizar. Aunque consista sólo en que una persona «hace» la renuncia que le exige el destino.

Me voy a permitir explicar esta idea con ayuda de un ejemplo al que siempre recurro porque lo considero muy instructivo. Una enfermera que trabajaba en mi departamento de neurología debía ser operada de un tumor en el estómago. Durante la intervención se comprobó que el tumor no se podía extirpar. La enfermera, desesperada, pidió que yo la visitara, y durante la conversación me di cuenta de que no estaba desesperada por su enfermedad sino porque no podía trabajar. Amaba su trabajo por encima de todo; ahora no lo podía realizar, y ésta era la causa de su desesperación. Su situación era realmente desesperada. (Murió una semana más tarde.) A pesar de todo intenté explicarle lo siguiente: «El hecho de que usted trabaje más o menos horas al día no es nada especial, lo puede hacer cualquiera; pero ser tan trabajadora como usted y estar al mismo tiempo incapacitada para trabajar, es decir, tener que renunciar al trabajo y a pesar de ello no caer en la desesperación, ése sería un mérito que nadie le podría imitar tan fácilmente. Además, ¿no cree usted que está cometiendo una injusticia con todos los miles de personas a quienes ha dedicado su vida como enfermera? ¿No cree que es injusta si actúa como si la vida de un enfermo o de un inválido, la vida de una persona incapaz de trabajar, no tuviera sentido? Si usted se desespera por su situación está obrando como si el sentido de la vida humana consistiera única y exclusivamente en poder trabajar más o menos horas. Con ello les está negando a todos los enfermos e inválidos su derecho a vivir, su razón de ser. Usted tiene ahora una oportunidad única: mientras que hasta ahora sólo les podía prestar una ayuda profesional a las personas que se le habían confiado, ahora puede usted ser algo más, un modelo de humanidad.»

Como es natural, se puede discutir que yo mantuviera esta conversación como médico, pues en resumidas cuentas lo que yo intentaba, en una situación en la que como médico, ya no podía hacer nada, era ayudar como persona, hablar de hombre a hombre y, diciéndolo con toda franqueza, consolar a la otra persona. ¿Por qué no ha de ser médica esta manera de obrar? No olvidemos que sobre la puerta principal del gran hospital general de Viena hay un rótulo en el que aparecen las palabras con que el emperador José II inauguró este hospital: «Saluti et solatio aegrorum»; et solatio: no sólo la curación, sino también el consuelo de los enfermos. Vemos, pues, que no sólo el psicoterapeuta (él de forma especial) sino tampoco el médico como tal se puede conformar con seguir el objetivo de capacitar a sus pacientes para trabajar y disfrutar. No; tiene que hacerles también capaces de sufrir, tiene que ponerlos en condiciones de aceptar y soportar este sufrimiento necesario, que se convierte en un destino, porque no se puede evitar ni aliviar.

Hay que admitir que con los medios que nos ofrecen las ciencias naturales, el médico no puede cumplir esta tarea. Con la ayuda de lo que las ciencias naturales nos proporcionan como recursos científicos podemos amputar una pierna; pero con «pura» ciencia natural nunca podré evitar que el paciente que sufre la amputación, tras la operación o quizás antes de ella, se quite la vida porque está desesperado, porque duda que tenga sentido el seguir viviendo con una sola pierna. Un cirujano, por ejemplo, que quiera evitar ocuparse de tales cosas –podemos decir tranquilamente, de la «cura médica de las almas»– y de dar a sus pacientes unas palabras de consuelo cuando él, como cirujano no puede hacer ya nada, no se debe sorprender cuando un paciente, al que ha quedado en operar a las 8 de la mañana del día siguiente, no se encuentre en la mesa de operaciones, sino en la de autopsias, porque se ha suicidado durante la noche. Está claro que este suicidio no tiene motivo ni fundamento, pues ¿cómo sería una vida cuyo sentido consistiera única y exclusivamente en poder andar con dos piernas? Pero puede suceder que haya que explicarle esto al paciente desesperado con unas breves palabras, ya que él, en su desesperación no vea las cosas tan claras. Resulta válido, pues, lo que dijo un famoso neurólogo en cierta ocasión: «Como es lógico, se puede ser también médico sin hacer esta labor; pero en tal caso hay que ser conscientes de que entonces sólo hay una cosa que distingue al médico del veterinario: la clientela.»

XXV

¿ES EL HOMBRE UN PRODUCTO DE LA HERENCIA Y DEL MEDIO AMBIENTE?

Resulta tragicómico el modo actual de analizar la miseria de nuestra época y de solucionar la crisis psíquica del individuo y de la masa. ¿Cómo se pretende actuar? Se parte de la hipótesis de que el hombre es el producto de dos factores, de dos fuerzas o poderes: la herencia y el entorno. Estos dos factores son, en otras palabras, el factor hereditario y el medio ambiente o –según se denominaban en épocas anteriores– la sangre y el suelo. Pero últimamente se ha visto que todos estos intentos de tratar el problema del hombre a partir de estos dos aspectos están destinados a fracasar, ya que lo esencial del hombre, el ser humano como tal, no admite estos intentos de aproximación; no se le puede analizar, y mucho menos cambiar, por esta vía. No olvidemos que en la imagen que nos hacemos del hombre se prescinde tanto de lo que de humano hay en él, que hablamos de la persona como un producto, como si el comportamiento humano fuera el resultado de un paralelogramo de fuerzas cuyos componentes son precisamente la herencia y el medio ambiente.

Está claro que el hombre es independiente, tanto del factor hereditario como de su medio, y que se puede mover libremente en el espacio que éstos le dejan. Dentro de este campo de acción, el hombre se mueve libremente, y el hecho de no tener en cuenta esta libertad, de omitirla en el estudio y tratamiento del hombre y de hacerle olvidar a éste que es libre, puede tener graves consecuencias. El factor hereditario no lo podemos modificar, y el medio sólo en parte, y no de pronto. Así pues, caeríamos directamente en el fatalismo si consideráramos sólo la herencia y el medio ambiente como los componentes de un juego de fuerzas denominado hombre. Esto sería precisamente «hacer la cuenta sin consultar al huésped». El huésped sería en nuestro caso el hombre como ser espiritual, libre y responsable. Ya no podemos «tener en cuenta» su libertad, sino que hay que apelar a ella; tenemos que defenderla frente a la aparente supremacía de la herencia y el medio ambiente; tenemos que creer en el poder del espíritu humano, tal como decíamos en otra ocasión.

Determinadas investigaciones científicas han confirmado que el hombre tiene ese poder. Así, el conocido genetista Friedrich Stumpfl señaló en cierta ocasión que era realmente decepcionante el resultado final de los gigantescos esfuerzos realizados por la psicología profunda, la psiquiatría, la genética y los estudios del medio. Pues, según explica el propio Stumpfl, creíamos que con nuestras investigaciones íbamos a poder mostrar al hombre en su condicionamiento por los impulsos, la herencia, el medio ambiente y la constitución física; al hombre como producto de la herencia y el medio. ¿Y qué es lo que salió al final de nuestros esfuerzos durante años enteros? Esta pregunta la plantea el famoso investigador y él mismo da la sorprendente respuesta: la imagen del hombre libre.

Tomemos el ejemplo de los gemelos que estudió el famoso genetista Lange. Al ser gemelos univitelinos, tenían el mismo factor hereditario. A partir de este factor hereditario, uno de los dos hermanos se convirtió en un delincuente increíblemente astuto. ¿Y qué sucedió con el otro hermano, qué hizo éste –muy importante: a partir del mismo factor hereditario– de sí mismo? Era también muy refinado y muy experto, pero no como criminal, sino como criminalista. Yo pienso que esta diferencia –entre ser un criminalista o un criminal– es decisiva; que estos dos caminos los habían decidido ellos mismos y que esta decisión era distinta en cada uno de ellos a pesar de haber partido ambos de un mismo punto. No olvidemos que existe también un tercer aspecto: aparte del factor hereditario y del medio, aparte de la herencia y del entorno, se encuentra también la decisión del hombre, que lo eleva por encima de su simple condicionamiento.

Permítanme contarles un caso que yo mismo he vivido. Una paciente con una neurosis aguda me habló en cierta ocasión de su hermana gemela; de nuevo gemelos univitelinos, es decir, personas con el mismo factor hereditario. Y de esto se podría dar cuenta cualquiera, pues la paciente me contó que su hermana y ella tenían el mismo carácter –con todos sus detalles y matices– y las mismas aficiones, ya fuera en cuanto a los músicos que preferían o en cuanto a los hombres. Sólo existía una diferencia entre las dos hermanas: una era neurótica y la otra inteligente. Esta diferencia nos permite acabar con el fatalismo, con la creencia en el destino y con la tendencia a quedarse con los brazos cruzados. Necesitamos un gran estímulo para –a pesar del condicionamiento que suponen la herencia y el medio– arriesgarlo todo –sea como educador, sea como médico– cuando se trata de apelar a la libertad humana. En realidad, el factor hereditario no es en sí nada de mucho o poco valor, sino que nosotros hacemos de él una propiedad más o menos valiosa. Qué razón tendría entonces Goethe desde el punto de vista biológico y psicológico, desde el punto de vista de la genética, cuando dijo en su obra *Wilhelm Meister*: «Por naturaleza no tenemos ninguna falta que no se pueda convertir en virtud, ninguna virtud que no se pueda convertir en falta.»

Hasta aquí la cuestión de la dependencia del hombre con respecto al factor hereditario. Pero, ¿qué sucede con el segundo factor, que parece ser que determina tanto el destino del hombre que ya no se puede hablar de la auténtica libertad humana; qué sucede con la influencia del medio? Si es cierto lo que Sigmund Freud afirmara en cierta ocasión, habría que hacer la prueba de dejar pasar hambre a un grupo de personas lo más distintas posible; cuanto más aumentara la necesidad de alimento, más se borrarían las diferencias personales y, en su lugar, aparecería la pulsión de alimentación común a todos. Hasta aquí Freud. Se podría decir que nuestra generación ha realizado este experimento millones de veces, sea en los campamentos de prisioneros de guerra, sea en los campos de concentración. ¿Y qué es lo que salió al final, tal como hemos oído decir al profesor Stumpfl sobre el resultado de sus estudios de genética? Pues el resultado de este involuntario experimento masivo de la investigación del medio ambiente ha sido el mismo: de nuevo nos ha salido al paso y hemos sido testigos de la capacidad de decisión que posee el hombre. A los prisioneros de guerra y a los ocupantes de los campos de concentración se les privó de todo menos de una cosa: de la libertad de adoptar una u otra actitud ante las condiciones en que vivían. Y se vio realmente este «uno u otro». No todos se «volvieron animales» debido al hambre, tal como se oye decir tan a menudo y con tanta facilidad. Hubo personas que fueron como pudieron por todo el campo de concentración y siempre tenían para sus compañeros unas veces una palabra amable; otras, el último trozo de pan. Esto lo han vivido todos los prisioneros de guerra que han salido vivos del campamento. Así pues, no se puede decir que el cautiverio, que el campo de concentración, que cualquier influencia del medio en general determine de forma clara e inevitable el comportamiento del hombre.

En el ejemplo de la cautividad y del hambre se ha visto claramente que la actitud es independiente del hecho de que se tenga un apoyo. Este experimento ha sido confirmado recientemente por un informe de un psiquiatra americano, quien ha intentado estudiar lo que había mantenido con vida e íntegros interiormente a los soldados americanos que habían caído prisioneros de los japoneses; entre los factores que habían contribuido a la supervivencia al cautiverio se encontraba la circunstancia de que tuvieran un concepto positivo de la vida y del mundo. Esta experiencia concuerda con una frase de Nietzsche que dice: «Quien tiene un porqué para vivir, soporta casi cualquier cómo.» En este «cómo» se incluye también el hambre. ¿O debo recordar a las tres docenas de estudiantes que se ofrecieron voluntarios en la universidad de Minnesota para realizar un experimento de medio año de duración, en el cual las raciones de comida que recibían les hacían pasar el hambre que fue normal en el último año de guerra en Europa? A lo largo del experimento se analizaba continuamente tanto en el aspecto físico como el psíquico de los probandos. Enseguida se mostraron tan nerviosos como suelen serlo los hambrientos. Y después de medio año, más de uno estaba a punto de caer en la desesperación. Pero a pesar de que siempre tenían la posibilidad de retirarse, ninguno abandonó el experimento. Así, podemos ver de nuevo que cuando le interesa, cuando vale la pena, el hombre puede ser más fuerte que las condiciones exteriores e interiores; puede resistirlas y es libre dentro del campo de acción que le deja el destino.

Esta libertad se ve confirmada por la ciencia moderna, tanto por las ciencias naturales como por la medicina. Y cuando se oye hablar y se ve actuar como si los hechos clínicos probados por la experiencia, como si la genética y los estudios del cerebro, la biología, la psicología y la sociología hubieran demostrado que el espíritu humano es débil y no independiente, tenemos que darnos cuenta de que lo cierto es realmente lo opuesto: los resultados de las investigaciones clínicas hablan en favor del poder de obstinación del espíritu. Y hoy como ayer, hoy como hace 109 años –cuando fueron escritas– siguen vigentes las palabras de un gran personaje de la escuela de medicina de Viena, el barón de Feuchtersleben, quien dijo: «A la medicina se le reprocha que favorece la tendencia hacia el materialismo, es decir, hacia una concepción del mundo que ignora el espíritu. Pero este reproche es injusto, pues nadie tiene más motivos que el médico para reconocer la caducidad de la materia y la fuerza del espíritu. Y si no llega a convencerse de esto, la culpa no la tiene la ciencia, sino él mismo, ya que no ha aprendido lo suficiente.»

XXVI

¿SE PUEDE MEDIR Y PESAR EL ALMA?

Ya he señalado repetidas veces que el profano en la materia tiene una idea falsa de las cuestiones psiquiátricas. Entre éstas figura la cuestión relativa a los límites entre el ámbito de lo psíquicamente sano, de lo normal, y el de lo patológico desde el punto de vista psíquico, lo anormal. El profano no sólo olvida que estos límites son muy difusos, sino que además se imagina que el especialista, el psiquiatra, los fija a su gusto. Esto significaría que el psiquiatra podría considerar patológico algo que el profano en la materia encontraría totalmente normal. Lo que sucede en realidad es precisamente lo contrario: el psiquiatra suele reducir los límites de lo patológico, de lo anormal, más que el profano.

Entre los prejuicios y malentendidos que el profano suele tener respecto al psiquiatra se encuentra también la interpretación errónea de la importancia que tiene en el reconocimiento psiquiátrico lo que denominamos examen, es decir, un análisis para comprobar la existencia de trastornos psíquicos, y la exploración, esto es, el estudio del fondo o sustrato psíquico. A esto se debe el hecho de que el profano piense que un reconocimiento psiquiátrico consiste principalmente en un test de inteligencia. Esta idea es falsa, o por lo menos, está ya desfasada. Yo no tengo reparos en atreverme a afirmar que el modo en que se realiza un test de inteligencia refleja más la inteligencia del investigador que la del probando. Siempre es necesario realizar algún test de inteligencia. Tomemos como ejemplo una situación en que el psiquiatra se encuentra frente a un paciente, del que sospecha que posee un cierto grado de imbecilidad o de demencia. El psiquiatra le planteará al paciente, si las circunstancias lo permiten, las denominadas preguntas de diferenciación, para tener algún indicio sobre el grado de retraso de su inteligencia. Una de esas preguntas es: ¿En qué se diferencian un niño y un enano? Yo creo que nadie dudará que tenía escasa inteligencia un paciente que a esta pregunta me respondió: «Dios mío, doctor, un niño es sólo un niño, y un enano trabaja en una mina.»

Otras veces será necesario examinar la capacidad de atención de un paciente. Esto se suele hacer de forma que en el transcurso de una conversación se le pide al enfermo que retenga una fecha en la memoria. Yo siempre recomiendo a los oyentes de mis conferencias clínicas que se acostumbren a indicar al paciente la fecha de su propio nacimiento, pues en cierta ocasión –antes de seguir esta norma–, con la confusión del trabajo olvidé la fecha que había dicho, de manera que al final no pude saber si el paciente había olvidado también esa fecha o era yo el que no la recordaba.

Sin embargo, no se puede decir que con la ayuda de tests de este u otro tipo se consiga aprehender la esencia de la personalidad. El propio profesor Villinger insiste en una de sus publicaciones sobre el escaso grado de fiabilidad de los tests y sobre el peligro de las interpretaciones personales. Donde menores son este peligro y la inseguridad de los resultados de los tests, dice Villinger, es en los de inteligencia y de rendimiento. La arbitrariedad de las interpretaciones aumenta en los tests de aptitud, que son indispensables en la orientación profesional, y es muy grande en los tests de personalidad. Quien intenta aprehender la personalidad con la ayuda de los tests se expone –según palabras de Villinger– a caer en una «pseudoexactitud», en una ciencia aparente. Este científico previene contra el hecho de confiar demasiado en la «exactitud de laboratorio», que en realidad no es tan grande. Esto en cuanto a Villinger. Por su parte, el profesor Kraemer, psiquiatra de Maguncia, ha declarado que una exploración bien hecha, esto es, una conversación entre el paciente y un especialista, es igual de útil que el trabajar con los tests, lo que suele ser bastante complicado. Una observación psiquiátrica durante un largo espacio de tiempo puede ofrecer los mismos resultados. En este sentido, es interesante mencionar que el profesor Langen ha publicado un trabajo en el que demuestra estadísticamente que el diagnóstico psiquiátrico establecido tras un largo periodo de observación estacionaria coincide en más del 80 % de los casos con la impresión que el médico tiene en su primera conversación con el paciente; esto en el caso de las psicosis (que son enfermedades mentales). Pero, ¿qué sucede en el caso de las neurosis? En éstas el diagnóstico final coincide en todos los casos con el diagnóstico establecido a partir de esa primera impresión sobre el paciente.

Del paciente, acabo de decir. Pero debería decir más exactamente: de la personalidad única e inconfundible que es propia de cada persona y, por consiguiente, de cada enfermo. Si con la ayuda de los tests se quiere llegar a conocer lo individual de cada persona, si se quiere aprehender algo más que un simple tipo, si se quiere llegar al fondo de la persona, nunca se podrá individualizar lo suficiente. Y más aún: habría que inventar un test para cada persona y –añadiría yo– para cada situación en la que ésta se encuentra, pues nunca se puede improvisar lo bastante. Un ejemplo aclarará todo esto.

En cierta ocasión se me encomendó la tarea de realizar un dictamen psiquiátrico sobre un joven que estaba en prisión y que se había disculpado diciendo que un amigo le había inducido a realizar el delito al prometerle que una vez cometido le daría 1.000 chelines. El tribunal quería que el psiquiatra dijera si en realidad el joven se dejaba influir tan fácilmente y si era tan crédulo, pues su amigo había negado que tuviera algo que ver con el delito. Si el probando fuera tan crédulo, se habría tratado de un grado leve de imbecilidad, lo que no aparecía reflejado en los tests. Podría ser posible también que el joven no fuera imbécil, sino que, por el contrario, fuera lo suficientemente astuto como para valerse de su amigo. El tribunal quería saber si el joven era tan tonto como para creer que su amigo le iba a dar realmente 1.000 chelines, o tan astuto que nos quería hacer creer que era tan tonto. Los tests de inteligencia, como hemos dicho, no dieron resultado. En el último momento tuve que improvisar y le pregunté si me podía dar 10 chelines, pues contra depósito de dicha cantidad podría conseguir que el presidente del tribunal anulara su juicio y que le dejara en libertad. Aceptó mi propuesta inmediatamente, y luego no se podía creer que no se lo había dicho en serio. Tan crédulo había sido. Pudimos conocer esta credulidad gracias al test improvisado, inventado para esta ocasión.

Está claro que a la época actual le «cuadra» en cierta manera que juzgue del alma humana hasta el punto de reconocer en su existencia lo que haya capaz de ser medido y pesado. Pero si Schiller dijo en cierta ocasión: «Si habla el alma, ay, ya no habla el alma», se podría decir también: si se realiza un test a alguien, no es la persona, no es su esencia lo que se aprehende. Una psicología que culmina en el test sólo ha sacado al hombre de su propia dimensión y lo ha «proyectado» en la dimensión de lo conmensurable y ponderable. Ha perdido de vista, así, lo esencial, lo verdadero del hombre, su personalidad. Quizá no se pueda captar esta esencia por una vía puramente científica, sino que se necesiten otros medios para aproximarse a ella. Tal vez se pueda aplicar también al hombre lo que dijo en cierta ocasión el gran médico Paracelsus: «Quien no descubre a Dios, le ama demasiado poco.» Probablemente se necesite la grandeza interior que se da en la entrega al «tú» inconfundible de la persona amada cuando queremos aprehender su esencia. En este caso amar no significa nada más que poder decir «tú» a la otra persona, reconocer su unicidad y aceptarla en lo que vale. Y así, poderle decir no sólo «tú», sino también «sí». Queda demostrado que no se está en lo cierto cuando se afirma que el amor es ciego. Al contrario, el amor hace ver, hace incluso profetas. Pues el valor que deja ver y brillar en el otro no es una realidad, sino una simple posibilidad, algo que todavía no es, sino que va a ser, puede ser y debe ser. El amor lleva implícita una función cognoscitiva, es decir, de conocimiento. La psicoterapia tiene que ver también los valores; nunca puede estar totalmente desvinculada de ellos, sino a lo sumo «ciega» ante ellos.

Hemos partido de la psiquiatría y de los tests de inteligencia y nuestras reflexiones desembocan en el reconocimiento de que no podemos acercarnos a la esencia de una persona, esto es, a todo lo que hay detrás de cada una de sus funciones y de sus posibles trastornos, mientras que en nuestros esfuerzos por conocer a los demás nos limitemos y confiemos simplemente en lo racional y en lo «racionalizable». Si queremos tender un puente de persona a persona –y esto es válido también para un puente de conocimiento y comprensión–, las cabezas de puente no tienen que ser precisamente las cabezas, sino los corazones.

Hemos hablado anteriormente de la comprobación estadística y exacta de que la primera impresión –absolutamente intuitiva– la pueden apoyar los resultados del reconocimiento psiquiátrico posterior. Estoy convencido de que incluso en el método psiquiátrico-diagnóstico la sensibilidad puede ser más delicada que sagaz la inteligencia.

EPÍLOGO

EL LIBRO COMO TRATAMIENTO TERAPÉUTICO[1]

Cuando se habla del libro como un medio terapéutico se hace con el mayor rigor clínico. La denominada biblioterapia ocupa, desde hace ya varias décadas, un lugar importante en el ámbito de las neurosis. Al paciente se le recomienda la lectura de unos libros determinados, pero no sólo de libros especializados. Esta utilización del libro persigue, como es lógico, un objetivo y se ajusta a los distintos casos.

Teniendo en cuenta que la psicoterapia se basa sobre todo en una colaboración entre el médico y el enfermo, no hay que pensar que el libro puede sustituir al médico y la biblioterapia a la psicoterapia. Pero no hay que menospreciar por ello al libro. Yo poseo documentos de los que se desprende claramente que personas que habían sufrido durante años neurosis agudas y que habían sido tratadas sin éxito por el especialista, se aplicaron a sí mismas, a partir de la lectura de un libro determinado, una técnica psicoterapéutica concreta, y se pudieron ver libres así de su mal.

La posibilidad de utilizar el libro con fines terapéuticos va más allá de lo patológico. Así, por ejemplo, en las crisis existenciales –de las que nadie queda libre– el libro suele tener efectos prodigiosos. Un libro adecuado leído en el momento oportuno ha salvado a muchas personas del suicidio, y esto lo sabemos los psiquiatras por experiencia. En este sentido, el libro presta una auténtica ayuda en la vida... y en la muerte. No me refiero a los libros que se han puesto de moda, en los que aparecen como título estereotipado las palabras «death and dying», «la muerte y el morir», y en los que se habla de la muerte como si no se tratara nada más que de un proceso que se puede dividir en tantas o tantas fases e incluso manipular; a lo que yo me refiero es a la muerte como una de las situaciones límite del hombre, como uno de los aspectos de la «tríada trágica» de la existencia –según yo la denomino– formada por la muerte, el dolor y la culpa. He visto cartas escritas en el lecho de muerte o en la cárcel, en las que se expresa con emoción cómo un libro o incluso una sola frase puede aportar en tales situaciones aislamiento exterior y franqueza interior.

Los efectos terapéuticos se pueden multiplicar si se junta un grupo para estudiar y discutir libros en común. Yo dispongo de actas en las que consta cómo se formó espontáneamente un grupo de estudio entre los reclusos de la prisión del Estado de Florida y los efectos terapéuticos que tuvo la lectura en grupo:

«Nuestro grupo se compone de nueve presos y nos reunimos dos veces a la semana. Y tengo que decir que lo que sucede entonces es casi un milagro. Personas que antes se sentían desamparadas y desesperadas encuentran un sentido nuevo en su vida. Aquí, en la prisión con mejores medidas de seguridad en toda Florida, a sólo unos cientos de metros de la silla eléctrica, imagínense ustedes, precisamente aquí se realizan nuestros sueños.»

Sin embargo, los libros especializados no son siempre útiles. Existen situaciones de las que se puede decir que cuando todas las palabras serían pocas, sobra cualquier palabra. A no ser que buscáramos consuelo en las palabras de un poeta, como a mí me sucedió en cierta ocasión. El director de la famosa prisión de San Quintín, que se encuentra en las proximidades de San Francisco, me había invitado a pronunciar una conferencia ante los reclusos, condenados todos ellos por delitos graves. Cuando hube finalizado mi exposición se puso de pie uno de los oyentes y dijo que a los hombres de Death Row, en cuyas celdas se encuentran los condenados a muerte, no se les había permitido acudir a la conferencia; luego me preguntó que si podría decirle al menos unas palabras por el micrófono a uno de ellos, a Mr. Mitchell, que dentro de poco iba a ser ejecutado en la cámara de gas. Yo no sabía qué hacer, pero no podía negarme a acceder a este ruego. Así pues, tuve que improvisar: «Créame, Mr. Mitchell, de algún modo puedo comprender su situación. Al fin y al cabo yo también he vivido durante algún tiempo bajo la amenaza de la cámara de gas. Pero créame, Mr. Mitchell, tampoco entonces dejé de estar convencido en todo momento de que la vida tiene sentido en cualquier condición o circunstancia. Pues o bien tiene un sentido –y entonces lo tiene que conservar aunque sea muy corta– o no tiene sentido –y entonces no tendría tampoco sentido que durara tanto. Una vida que aparentemente ha sido desperdiciada puede adquirir también un sentido si a través de la conciencia de la propia individualidad vamos más allá de nosotros mismos.» ¿Saben ustedes lo que luego le conté a Mr. Mitchell? La historia de la muerte de Iván Ilyitsch según la relata Tolstoi: la historia de un hombre que de pronto se enfrenta al hecho de que no va a vivir mucho y se da cuenta de que ha desaprovechado su vida; pero precisamente esta idea le hace superarse interiormente a sí mismo y es capaz de llenar de sentido la vida que aparentemente había estado tan vacía.

Mr. Mitchell fue el último hombre que murió en la cámara de gas en San Quintín. Poco antes de morir concedió una entrevista al «San Francisco Chronicle», de la que se desprendía claramente que había comprendido la historia de la muerte de Iván Ilyitsch en todos sus puntos.

Todos conocemos del afán de leer que sienten los jóvenes. Se dan cuenta instintivamente de la fuente de energía que los libros constituyen. ¿Cómo si no, podría explicarse lo que sucedió –hace décadas– en el campo de concentración de Theresienstadt? Se había preparado el transporte de mil jóvenes, y a la mañana siguiente salían hacia el campo de concentración de Auschwitz. Pero esa misma mañana se comprobó que había sido asaltada la biblioteca. Cada uno de los condenados a muerte había metido en su mochila algunas obras de su poeta preferido y algún libro científico. Eran las provisiones para el viaje hacia lo (por suerte aún) desconocido. Que venga ahora alguien y me diga: «Primero la comida, luego la moral.»

No estamos ciegos. El libro no tiene siempre consecuencias beneficiosas. Nos hemos vuelto escépticos en lo relativo a la popularización de los resultados de las investigaciones científicas. Einstein dijo en cierta ocasión que el científico sólo puede elegir entre escribir de forma comprensible y superficial o profunda e incomprensible. Pero el hecho de que el lector no entienda algo supone siempre un peligro menor que el que representa una mala interpretación. Sin embargo, ésta puede no ofrecer tampoco peligro, como se ve, por ejemplo, en lo que sucedió cuando el psiquiatra neoyorquino Binger pronunció una conferencia sobre medicina psicosomática y le preguntaron al final que en qué tienda se podía comprar una botellita de esa medicina.

Yo creo que el peligro de la falta de comprensión está en otra parte. Una ciencia que más que popularizada ha sido vulgarizada puede llevar a que el hombre se interprete mal a sí mismo, a que se deforme la idea que tiene de sí mismo si se le ofrece la mitad, la cuarta o la octava parte de la verdad como si se tratara de toda la verdad. ¿A qué se debe?

Normalmente oímos que la gente se queja de que los científicos se especializan demasiado. Yo creo que lo cierto es justamente lo contrario. Lo malo no es que los científicos se especialicen, sino que los especialistas generalicen. Ya conocemos a los denominados «terribles simplificateurs». Lo simplifican todo. Pero existen también los «terribles généralisateurs», como yo los denomino. Los «terribles simplificateurs» reducen todo a un único aspecto. Los «terribles généralisateurs» no se quedan sólo en un aspecto, sino que generalizan todo. ¿Cómo si no, iban a conseguir hacer un best-seller? ¿Cómo van a popularizar sin generalizar?

Bajo la influencia del adoctrinamiento de las masas, que se refleja ya en los propios títulos de los best-seller, el lector ya no se ve a sí mismo como un hombre, sino –y cito los títulos de dos best-seller– como un «mono desnudo» y como un aparato o mecanismo «al otro lado de la libertad y la dignidad». A esto se añade el nihilismo actual. El nihilismo de ayer se ocupaba de la nada; el de hoy se caracteriza por las palabras «nada más que...» El hombre no es «nada más que» el producto de las condiciones de producción, de la herencia y el medio ambiente, de las condiciones y circunstancias socio-económicas y psico-dinámicas, etc. Sea como fuere, se le presenta como una víctima de las circunstancias, cuando en realidad es él quien crea tales circunstancias, por lo menos quien las organiza y, si es necesario, las modifica.

Una psicología profunda vulgarizada le proporciona al lector neurótico suficientes y oportunas coartadas. La culpa de todo la tienen sólo los complejos. Él ya no es responsable de nada, ya no existe la voluntad libre. Pero de qué forma más sabia me contestó una paciente esquizofrénica cuando le pregunté si no sentía que tenía una voluntad libre: «Mire, doctor, tengo una voluntad libre cuando quiero, y cuando no quiero, no la tengo.» En lo que respecta a los complejos, me escribía en cierta ocasión una mujer que no era paciente mía: «Tengo tras de mí una infancia terrible; crecí en un 'hogar roto' y pasé necesidades extremas. Pero no quiero olvidar todo lo malo que he vivido y sufrido en mi niñez, pues estoy convencida de que de todo ello han salido muchas cosas positivas. ¿Complejos? El único complejo que tengo es pensar que tendría que tener complejos y no tengo ninguno.»

El hablar de «nada más que», o –tal como se denomina este concepto del hombre– el reduccionismo, es sólo uno de los aspectos del nihilismo contemporáneo. El otro es el cinismo. Se ha puesto de moda burlarse de la gente buena, criticar al hombre, considerarlo un ser maligno. Es evidente que la literatura no tiene como finalidad el encubrir la realidad, presentarla como algo que no ofrece peligro. Sin embargo, una de sus tareas sí es dejar ver una posibilidad más allá de la realidad, la posibilidad de cambiarla, de transformarla. El mundo va de mal en peor. ¿A quién se lo dicen ustedes? No está en buen estado. Pero ustedes tienen que comprender que como médico no puedo estar satisfecho con ello. El mundo está enfermo, pero su mal es curable. Una literatura que rechace ser una «medicina» y colaborar en la lucha contra la enfermedad del espíritu de nuestro tiempo, no es una terapia, sino una señal, un síntoma de la neurosis colectiva que se une a todo lo demás. Si el escritor no es capaz de inmunizar al lector contra la desesperación, entonces tiene que abstenerse al menos de «infectarle» de ella.

La neurosis colectiva de nuestros días se caracteriza por un sentimiento de falta de sentido que se extiende por todo el mundo. El hombre de hoy está frustrado, ya no desde el punto de vista sexual, como sucediera en la época de Sigmund Freud, sino desde el punto de vista existencial. Hoy en día no sufre un sentimiento de inferioridad, como en los tiempos de Alfred Adler, sino un sentimiento de falta de sentido, que va acompañado de una sensación de vacío existencial. Actualmente comienza a observarse esto en Oriente y en el Tercer Mundo. Así, el neurólogo checo Vymetal ha comprobado que «esta enfermedad actual, la pérdida de un sentido existencial sobre todo en la juventud, traspasa 'sin pasaporte' las fronteras de los sistemas sociales capitalista y socialista». Si ustedes me preguntan que cómo me explico yo el origen de este sentimiento de falta de sentido, sólo les puedo decir que, en contraposición a los animales, al hombre no le dicta el instinto lo que tiene que hacer y, frente a las personas de épocas anteriores, la tradición ya no le dice lo que debe hacer; y así, parece que ya no sabe bien lo que realmente quiere. Esto lleva al hecho de que o bien quiere sólo lo que hacen los demás –y tenemos entonces el conformismo– o bien hace sólo lo que los demás quieren, lo que desean de él –y tenemos entonces el totalitarismo–.

Con la ayuda de los tests se ha comprobado estadísticamente que el sentimiento de falta de sentido está más extendido entre los jóvenes. El ingeniero Habinger ha demostrado mediante una muestra estadística recogida al azar entre quinientos estudiantes vieneses que dicho sentimiento ha aumentado en los últimos años desde un 30 hasta un 80 %. En lo que a América se refiere, mis colegas de la United States International University han probado que fenómenos tan extendidos y en aumento como la agresividad, la criminalidad, la toxicomanía y el suicidio se deben en el fondo a una sola cosa: al sentimiento de falta de sentido. Entre los estudiantes americanos aparecen como principales causas de muerte los accidentes de tráfico y el suicidio. Los intentos de suicidio son quince veces más frecuentes, y eso teniendo en cuenta solamente las cifras oficiales. Por suerte. Pues los médicos tenemos que pensar desde el punto de vista no sólo terapéutico sino también profiláctico, y en el campo de la prevención de los suicidios la publicidad no constituye siempre una ventaja. Quizá sea suficiente con que les diga que en Detroit disminuyó en cierta ocasión repentinamente la cifra de suicidios e intentos de suicidio, para volver a aumentar con la misma rapidez después de seis semanas. Durante este espacio de tiempo había habido una huelga general en los periódicos y los suicidios se habían quedado sin publicidad.

Pero no está dicho todo. Si mido la tensión arterial a un paciente y tiene, por ejemplo, 160 y se lo digo a él, ya no tendrá 160, sino que le aumentará a 180. Pues el paciente tiene miedo de sufrir una apoplejía. Si, por el contrario, respondo a su atemorizada pregunta que tiene la tensión prácticamente normal, que no tiene nada que temer, entonces el paciente se tranquiliza y la tensión arterial baja hasta 140.

Volvamos al sentimiento de falta de sentido. ¿Cómo se puede utilizar «el libro como medio terapéutico» contra la neurosis colectiva de hoy en día? En tres frentes sobre todo, contra tres aspectos actuales y agudos de la enfermedad de nuestro tiempo: la neurosis de domingo, la crisis de la jubilación y la neurosis de desempleo.

El domingo, durante el fin de semana, cuando cesa la actividad de los días laborables, aumenta en las personas el sentimiento de falta de sentido. La consecuencia de esto es una depresión típica, la denominada «neurosis de domingo», que al parecer está cada vez más extendida. El Instituto del sondeo de la opinión pública de Allensbach ha comprobado que en 1952 constituían un 26 % las personas a las que el domingo se les hacia el tiempo demasiado largo, mientras que éstas en la actualidad representan un 36 %.

Lo mismo se puede decir de la crisis de la jubilación, del derrumbamiento psicosomático que sufren las personas que aparte del trabajo no han tenido nada que llenara su vida y, liberados de la presión que suponían las obligaciones profesionales y enfrentadas al vacío que encuentran dentro de sí mismas, se desploman. Se puede prevenir este agotamiento psicofísico que se da en la vejez conservando en buen estado tanto el cuerpo como la psique, y en esto el libro actúa no sólo como medio terapéutico, sino también como profiláctico. Nunca he visto amontonados tantos libros sobre un escritorio como en el del profesor Berze, un antiguo director del «Steinhof», que murió a los 91 años de edad estando psíquicamente sano y activo.

En lo que concierne, por último, a la neurosis de desempleo, se trata de un síndrome que yo mismo describí en el año 1933 en la revista «Sozialärztlichen Rundschau», basándome en las experiencias que reuní con ocasión de la campaña «La juventud necesitada», lanzada por la cámara de trabajadores. Está comprobado que la necesidad no era sólo económica, sino también espiritual. Sin trabajo, al hombre le parece la vida vacía, se siente inútil. Lo peor no es la falta de trabajo en sí, sino el sentimiento de falta de sentido. El hombre no vive sólo del subsidio de desempleo.

En contraposición a la década de los años 30, la crisis económica actual se debe a una crisis energética: con gran asombro por nuestra parte hemos tenido que darnos cuenta de que las fuentes de energía no son inagotables. Espero que no consideren un atrevimiento que yo afirme que la crisis energética y el crecimiento económico más lento que la acompaña constituyen, en lo que concierne a nuestro deseo frustrado de encontrar un sentido, una gran oportunidad: tenemos la oportunidad de reflexionar. En los momentos de abundancia, la mayoría de las personas tenían con qué vivir;

pero muchos no sabían por qué vivir. Lo importante ahora no son los medios de subsistencia, sino el encontrar un fin, un sentido a la vida. En contraposición a las fuentes de energía, el sentido es inagotable. Y no hay nada que ayude a encontrar este sentido tanto como el libro. El hecho de que el hombre conoce instintivamente las posibilidades que los libros le ofrecen para no hundirse interiormente en los momentos de depresión económica queda demostrado por la circunstancia de que en los países con cifras altas de desempleo se compran y se leen más libros.

A esto se añade el hecho de que, en contraposición a los grandes medios de comunicación social y a la pasividad a que inducen a los hombres, el libro nos hace ser selectivos. Un libro no se puede conectar y desconectar como una radio o un televisor. Por un libro hay que decidirse, hay que comprarlo o, al menos, tomarlo prestado, hay que leerlo y de vez en cuando interrumpir la lectura para pensar. Dentro de un mundo laboral amenazado por la deshumanización, el hombre crea islas en las que nada pueda no sólo entretenerse, sino también reflexionar, no sólo divertirse, sino también meditar. El tiempo libre que ocupa leyendo le ayuda a huir de sí mismo, de su propio vacío, y a «entrar en sí mismo». En una palabra, el libro lleva a una liberación no centrífuga, sino centrípeta. Nos descarga de la presión del trabajo, de la vida activa, y nos hace volver a la vida contemplativa, a la existencia contemplativa, aunque sólo sea de vez en cuando.

¿En qué consiste la tarea y la responsabilidad del libro? En que cree al hombre capaz de tener el deseo de sentido que hoy está tan frustrado. Mientras pensemos que el lector es demasiado tonto para este o aquel libro, no sólo será tonto, sino que se volverá tonto. Existen individuos idiotas que han llegado a serlo porque un psiquiatra los consideró como tales. Lo lamento, pero tengo que acabar esta conferencia citando a Goethe, como si fuera un estudiante en una clase de retórica: «Si tomamos al hombre por lo que es, le hacemos peor. Pero si lo tomamos por lo que debe ser, lo convertimos en lo que puede ser».

NOTAS

Introducción

1. Conferencia pronunciada en el XIV Congreso Internacional de Filosofía (Viena 1968).

I

1. Hay que mencionar también que los científicos que intentan escribir de forma comprensible suelen cometer el error de ser abstractos y no ser concretos, de no proceder de forma casuística.

2. Emil A. Gutheil (Nueva York): «En tales casos, los pacientes traen frecuentemente un material asociativo ya pensado para complacer al analista. Cuanto más se extiende el análisis y más se generalizan sus conceptos fundamentales, más desconfiado hay que ser ante las denominadas asociaciones 'libres'. Hoy en día son pocos los pacientes en los que se puede confiar en que sus asociaciones son realmente espontáneas. La mayoría de las asociaciones que un paciente presenta durante un tratamiento más o menos largo son cualquier cosa menos 'libres'; suelen estar pensadas para expresar al analista determinadas ideas que el paciente piensa que le agradarán. Esto explica el hecho de que en los partes facultativos hechos públicos por determinados analistas se encuentre tanto material que parece confirmar las ideas del terapeuta. Los pacientes adlerianos tienen, al parecer, sólo problemas de poder, y sus problemas parecen estar condicionados exclusivamente por su ambición, por su afán de valimiento, etc. Los pacientes de discípulos de Jung desbordan a sus médicos con arquetipos y toda clase de simbolismos anagógicos. Los freudianos escuchan en las palabras de sus pacientes el complejo de castración, el trauma del nacimiento

y cosas semejantes. Son pocas las ideas del paciente que no están pensadas de antemano ni falsificadas» («Aktive Psychoanalyse», en Handbuch der *Neurosenlehre und Psychotherapie*, editado por V.E. Frankl, V. E. v. Gebsattel y J.H. Schultz).

3. El psiquiatra americano G.R. Forrer menciona, por ejemplo, el caso de una señora que tenía un hijo de 3 años de edad, en cuya presencia no se podía usar las tijeras «porque los niños pequeños tienen miedo a ser castrados» («The Psychiatric Quarterly», 28, 126, 1954).

W.G. Eliasberg (Nueva York): «La cuestión es si no sabemos quizá demasiada psicología. Queremos decir psicologismo, naturalmente. Algo de este psicologismo se extiende por América: la búsqueda de complejos, pulsiones, emociones e intereses detrás de todos y cada uno de los humanos» («Schweizer Archiv für Neurologie und Psychiatrie», 62, 113, 1948).

II

1. Además de por el denominado complejo de inferioridad, el hombre puede contraer también una enfermedad mental por un sentimiento de falta de sentido. Entonces sufre no porque siente que él mismo vale poco, sino porque su existencia no tiene sentido.

III

1. H. Schulte habla también de la «escasa frecuencia –de todos conocida– de divorcios, suicidios, manías y neurosis que precisan tratamiento como fenómeno acompañante de las crisis sociológicas (*Gesundheit und Wohlfahrt,* 1952, pág. 78); alusiones similares se encuentran en E. Menninger-Lerchenthal (*Das europäische Selbstmordproblem,* Viena, 1947, pág. 37) en relación con el suicidio en épocas de efervescencia política, y en J. Hirschmann.

VII

1. Aun cuando hemos realizado una acción errónea, una actitud adecuada puede configurarlo todo en forma que tenga sentido; se trata de la actitud que adoptamos ante nosotros mismos, es decir, por ejemplo, que nos apartemos de nosotros mismos y vayamos así más allá de nosotros mismos.

XX

1. Por fortuna, el hombre no tiene que hacer uso continuamente de este poder de obstinación; pues al igual que el hombre se afirma a pesar de su herencia, de su medio ambiente y de sus impulsos, también lo hace gracias a su herencia, a su medio ambiente y a sus impulsos; una advertencia que agradezco a la doctora Gertrud Paukner.

XXIII

1. En la casa del director del manicomio de Amberes pude ver en cierta ocasión pinturas que seguían las tendencias más modernas –todas excepto una—; ésa, un cuadro impresionista, era también la única que había sido realizada por un paciente.

2. Véase Viktor E. Frankl: *Psychotherapie und Weltanschauung*, «Internationale Zeitschrift für Individualpsychologie», septiembre, 1925: «Sabemos de antemano que todo lo que no es 'normal' no tiene por qué ser falso. Se puede afirmar, así pues, que Schopenhauer veía el mundo a través de unas gafas grises, que veía bien, pero que el resto de las personas, las normales, llevaban gafas con cristal rosa, o, en otras palabras, no les afectaba la melancolía de Schopenhauer, sino que el deseo de vivir de las personas sanas les mantenía la ilusión de ver un valor absoluto en la vida.»

Epílogo

1. Conferencia inaugural de la Semana del Libro 1975 en el Hofburg de Viena.